韩国诗人李尚圭研究

河北大学燕赵文化高等研究院重点项目（2020D11）
河北大学校长基金项目（2019HXZ017）

韩国诗人李尚圭研究

梁钊 著

HANGUO SHIREN
LI SHANGGUI
YANJIU

河北大学出版社
·保定·

出 版 人：朱文富
内文插图：［韩］朴建孩
责任编辑：田　阳
装帧设计：王占梅
责任校对：耿兆飞
责任印制：常　凯

图书在版编目（CIP）数据

韩国诗人李尚圭研究 / 梁钊著 . -- 保定：河北大学出版社，2021.5
ISBN 978-7-5666-1836-8

Ⅰ . ①韩… Ⅱ . ①梁… Ⅲ . ①李尚圭 – 人物研究
Ⅳ . ① K831.256

中国版本图书馆 CIP 数据核字（2021）第 064997 号

出版发行：河北大学出版社
地址：河北省保定市七一东路 2666 号　邮编：071000
电话：0312-5073019　0312-5073029
邮箱：hbdxcbs818@163.com　网址：www.hbdxcbs.com
印　　刷：保定市北方胶印有限公司
幅面尺寸：160 mm × 230 mm
印　　张：12.5
字　　数：126 千字
版　　次：2021 年 5 月第 1 版
印　　次：2021 年 5 月第 1 次印刷
书　　号：ISBN 978-7-5666-1836-8
定　　价：49.00 元

序

流逝的岁月就像12月哈出的寒气，让人猛不丁地打个寒战，蓦然回眸，已是一纪！是啊，那是12年的留韩生涯。

弱冠远去，而立当归。《国语·晋语四》说道：“蓄力一纪，可以远矣。”亲历之事更让我信以为真！至此，可谓整装待发，可谓任重道远。

异国求学的种种，丝毫不敢忘却。我怀揣着家人的希望和嘱托，跬步不休，只怕背负羞愧而归。还好，我是幸运的，在诸多师友的帮助和鼓励下，将学业画上了圆满的句号。

在十二载的留学生涯中，我结识了诸多蜚声韩国学界和文坛的先生前辈，这本书所介绍和研究的李尚圭先生便是与我结交10年的忘年恩师。2011年，是我留学韩国的第5个年头，也是我踏入研究生门槛之时。彼时青春涌动，我写下一篇《韩国五年记》，主要记录了在异国生活的苦辣酸甜。那时正值韩国朝鲜族文化艺术人后援会举办在韩留学生征文比赛，我便将这篇文章投了过去。没想到的是，我与首尔大学四位硕博士的文章共同入选，并被组委会告知于12月2日去首尔领奖。于是，在10年前的12月，作为后援会会长的李尚圭先生为我颁奖，我与先生因此相识，从此开启了我们忘年交的旅程。

那时的李尚圭先生年将古稀，身躯虽然清瘦，但是思维敏捷。他待人随和，特别是对青年学子关爱备至，总愿和他们聊聊中韩文化和自己的文学作品。李尚圭先生丰富的人生阅历造就了他生动有趣的说话风格，这种“漫不经心”实属看开后的“云淡风轻”。聆听他的讲解如陷入“文学漩涡”中，真的可以切身体会他的感情世界。比如他在谈《熔岩》一诗的时候，会一边闭目诵着“撕开胸膛，吐露出你那血泪，凄怆的爱情伤痕，崩溃的号啕”，一边扯开外套并舞动双手，这就是一位古稀老人的诗歌情怀。

和李尚圭先生的交往是奇妙的，那时李先生住在首尔，我在韩国南部的大邱市求学，我们见一面需要坐两个小时的火车，所以经常相见并非易事。也许诗人是孤独的，研究诗歌的人也是孤独的，我们这些孤独之人相见恨晚，频繁神来神往。在与李先生的交往之中，有一件事使我记忆犹新，有一个月，我们频繁通过电话探讨文学和联系中韩文化交流活动，到月底我一查话费单，竟然花掉了100万韩元，相当于6000元人民币。这个数目让我惊讶，那相当于我打工一个多月的工资，也是我在韩国两个月的生活费。但是没过一会儿我又陷入了电话风暴之中，继续和李先生探讨文学和联系交流活动……

我在读硕士期间主攻韩国古典诗歌，尤其对古代韩语书写的“歌辞”抱有极大兴趣。歌辞最早出现在高丽末期，它的特征是可长可短、可颂可歌、可正可破。我坚信歌辞这一文学样式可以解读韩国人原始的诗歌韵律和情感世界。结识李尚圭先生之后，我又蹦出了一个想法：韩国古典诗歌和现当代诗歌之间有怎样的联系和变化呢？于是，我便从韩国现当代诗人及作品入手，开始了译介和研究工作。所以，对韩国当代文坛的关注和思考便是我写下这本书的动机和动力，与韩国当代作家的交往和译介便成了本书内容的基础和依据。

在李尚圭先生和韩国诸多文人协会的支持下，我先后翻译并出版了《李尚圭诗选》《素井漫谈》《自然与伦理——吴晚焕的诗与诗评选集》等，也接触了沈连洙等爱国诗人的一手资料，这对我来说是难能可贵的经验。

本书算是我在深入了解韩国当代作家和作品后的小结，现在正值国内研究韩国当代文学兴起之际，希望我的一点见解可以让读者更加了解韩国当代文学。当然，我更想让人们走近这位步入杖朝之年的老人。李尚圭先生是韩国当代诗坛的元老级诗人，曾被誉为"具有天赋的诗人"，他的第一部诗集《爱的碑文》便荣登韩国畅销书排行榜。他还创作了多部散文集，记录了他对历史和生活的所悟所感。此外，他还是韩国最早积极推动中韩文化交流的人物之一，他的诗文中交织着近30年中韩文化交流的历史。

本书得以出版要感谢河北大学出版社的邓一鸣副社长和田阳老师，还要感谢河北大学文学院的杨紫颖、李特、郝亚路、尚莹轩同学的帮助，她们积极参与并为我的研究项目付出良多。更让我值得庆幸的是，我们形成了"学问共同体"，教学相长，彼此受益良多。

总之，文明互鉴，文学共赏，文论互评。

作者

2020年12月

目　录

作家论

作品论

作家论

第一章　李尚圭的道德哲学观点

道德与人们的生活息息相关，在日常生活中，几乎任何人都难以避免遇到某些道德难题或受到道德的影响。无论是当我们遇到“在公交车上需不需要给老弱病残人士让座?”之类的小问题，还是“你幸福吗?”或“生命的意义在于什么?”等人生思考，我们的回答都不可能不涉及道德的观点而独立存在。那么，当人们面对道德冲突而难以选择的时候，就会感到迷茫顿挫。有时如果仅从个人直观或感性的角度出发作判断，未免过于简单，我们更多地需要通过一种理性思考来认真对待已发生或将面临的道德事件。这种理性思考就是哲学思考。那么，道德哲学就是对道德行为、道德现象、道德理论等方面的辩证思考和哲学研究，是人们理解道德领域相关问题应具备的世界观和方法论。

李尚圭于1941年出生在韩国京畿道平泽市，他经历过战争、饥荒、苦难，也经营过小卖店、企业，还在韩国诸多文人协会担任要职。李尚圭一生历经坎坷磨难，却依然能永荷初心，践行抱诚守真，敬业乐群，无私奉公的人生原则，并且受到众人的认可和尊重。他的人生经历蕴含着丰厚的道德伦理观念，所以在和李尚圭先生深入交谈和走访调研后，我们将从李尚圭的文学思想、人生经历阐述其道德哲学观。

第一节 儒家思想在东亚

中华文明源远流长，有着丰富的文化遗产。春秋战国时期，我国社会变化剧烈，各种思想碰撞激烈，交流频繁，形成了百家争鸣的局面，特别是以儒道墨法为主的四大家伦理思想，它们奠定了被后世称为“轴心时代”的价值基础。在这里我们主要从儒家思想对后世和韩国社会的影响来进行探讨。

孔子是我国著名的思想家、教育家、政治家，是儒家伦理思想最具代表性的人物。孔子生活的年代是周朝末期、春秋初期，此时社会的秩序已经到了“礼崩乐坏”的地步，孔子对当时的人生、道德和相关社会问题进行了深刻的反思，尤其是对道德行为者的思想进行了研究，创立了一种以“仁”为核心，“仁”“礼”相结合的“仁学”道德理论和人生哲学。孔子把“仁”视为最高的道德原则，倡导孝悌、忠信、智勇，提出了“己所不欲，勿施于人”“己欲立而立人，己欲达而达人”等思想。他强调人应该具有自觉的道德追求和道德完善能力来实现“仁”的目标。“志士仁人，无求生以害仁，有杀身以成仁。”孔子之后对儒家思想传播影响最大的学者当属孟子。孟子是战国时期著名的思想家，被称为“亚圣”。他继承和发扬了孔子的儒家思想，将“仁”与“义”结合起来，提出了“四心说”，认为人生来就有恻隐之心、羞恶之心、辞让之心、是非之心[1]，这“四心”是人与生俱来的品质，也是孟子性善论的基础。由这“四心”出发而衍生出“四德”（仁义礼智）和“五伦”（父子有亲、君臣有义、夫妇有别、长幼有序、朋友有信）的道德规范体系。

到了汉朝，著名思想家董仲舒继承发扬了孔孟的思想，将之系统化、理论化、神圣化，确立了以“三纲五常”为核心的封建道德规范。他提出了“罢黜百家，独尊儒术”的建议，强调“天不变，道亦不变”，认为封建社会的最高原则是由天决定的，天是永恒不变的，因而按照天意建立的封建社会之“道”也是永恒不变的。他用一种“天”与“道”的思想来论证封建制度和君主制的合理性，束缚了人们的思想，由于这种思想对封建制度的捍卫使得儒家伦理思想在漫长的封建社会中始终处于“独尊”的统治地位。

魏晋南北朝时期的伦理思想经历了一个纷繁复杂的“冲突—融合”过程，儒家、佛教、道教三种思想在长期的斗争磨合中逐步趋于统一。从另一个角度来说，在儒道佛三家相互吸收和逐渐融合的过程中，儒家道德思想得到了丰富的补充，巩固了它在封建社会中的正统地位。唐宋元明清时期，中国封建社会经历了由高峰向低谷的转折，伦理思想也出现了理学与反理学的斗争，有些思想出现了极端化的倾向，如“存天理，灭人欲”等；在道德修养方面则强调格物、致知、诚意、正心等修养模式，特别是宋明理学的思想对韩国社会和个人思想发展均有较强的影响。

---

① 恻隐之心指对别人的不幸表示同情；羞恶之心指人固有的因做了坏事而羞耻；辞让之心指倡导礼让、谦让；是非之心指分辨是非得失的能力。

通过对儒家传统道德思想的分析，我们不难看出它有这样一些特点：在道德价值的最终目标上，追求的更多是“天人合一”、人与自然和谐交融的状态；在道德价值的应用上，特别是儒家思想，重视道德思想与政治思想的融合；在道德价值的把握上，强调中庸、致中和；在道德价值的取向上，具有明显的“重义轻利”“贵义贱利”的倾向。韩国社会仍然遵循儒家思想中较为纯粹的部分，上述儒家思想对当下韩国社会也有着极其深远的影响。众所周知，韩国是最早接受儒家思想的国家之一，也是最为深入践行儒家思想的国家之一。儒家思想至今仍然体现在韩国人的衣食住行之中，可以说是流淌在韩国人血液里的精髓。

第二节　李尚圭的思想基底

每一个人都在有意识或无意识的经营人生，他们会通过行为来选择自己认为有价值的事物或生活方式。也许一个人不一定有完整的价值体系或全面的哲学主张，但没有人能不依赖一些粗浅的价值观点来生活，也就是说，每个人都有自己的人生哲学或道德哲学。我们面对各种问题时所体现出来个人意识中的“哲学味儿”尽管有所不同，但最后都会涉及深刻的哲学问题。道德哲学的意义和价值就是为人们提供“药方”，虽不能说“药到病除”，但至少能够告诉人们什么是善和好的行为，并减缓社会中“假、恶、丑”的蔓延，而在这个过程中个体所展现的行为正是其社会价值所在。

一、道德哲学观的形成逻辑

苏格拉底曾说："未经审视的生活是不值得过的。"道德哲学的思考模式就是透过人类的理解能力，追寻问题的根本答案，包括个人生长的社会文化是否合理、个人生活应该怎样进行等，这些都是道德哲学家要批评和反思的对象。每个人出生、成长在某种特定的社会环境中，不可避免的要受到社会文化的渲染和风俗习惯的教化，人们的日常思维和信念也会受到背景文化的影响，特别是一般人很难跳出自身所处的文化背景，甚至有些社会文化背景的价值体系明显影响着个人的道德判断，李尚圭也是如此。也就是说，在某一种特殊的文化价值体系中，常常会使人们对事物的看法较为固定，而无法接受不同文化的价值观，已有的文化背景影响了我们对事物的认识。为了能够认清问题的真实模样，道德哲学研究需要对已有的背景知识不断地进行批评、评估和反思。所以，道德哲学家在处理道德问题时，不只是跟着传统习俗走，也不会完全依据一般人的主张或看法，而是通过理性的思考和判断，为其道德处境寻找一种合理的解答。

如果从价值哲学角度思考李尚圭企业经营和人生发展的过程，就必须不断地抽象到理性概念，以合理的逻辑说明行为的正当性，这样思考才具有普遍的说服力，才能够减少人们的质疑。当然这种思维方式只是从一个角度、一个方面佐证李尚圭成功的原因，而不是全部。这种对社会文化、传统习俗、信仰和价值体系的认同，对理性思考之后行为的选择，是提供社会生活方式意义的真正来源。所以，通过哲学的思维方式，从具体事例出发，深入探究抽象的理论假设，以这样的方法研究道德问题，这就是道德哲学。换句话说，道德哲学就是将哲学的分析、理性的研究方法应用到道德领域，探究人们日常生活中一般的习以为常的道德判断和道德原则，甚至对道德原则背后的假设提出质疑。总之，我们在全面了解李尚圭人生观的过程中，需要对某些问题进行理性的分析和探讨，并且系统性地了解其道德观念，为企业发展、经营人生的道德原则寻求一个合理性的基础。

二、李尚圭道德哲学观的形成

人类生活中，任何有意识的行动或多或少都会涉及一些价值判断的问题，也许一般人不一定有完整的价值体系或全面的哲学主张，可是没有人能够不依赖某一些粗浅的价值观点而生活。对于这些问题，古今中外众多思想家都进行了深入的思考。随着社会的发展，道德风气也在变化，我们需要深入思考道德哲学观念在社会上的作用和意义，这样才能更好地探讨社会发展中的个人价值。

不幸的是，这个关系到每个人幸福人生的道德问题，却受到严重的误解和漠视，因此绝大多数人对于伦理道德价值几乎没有反省能力，日常生活中最流行的价值观无非是“争名逐利”，我们对人类的存在意义缺乏深刻的体认。当前的社会中，与科技成长伴随而生的是价值感的失落，所以科技带来的美好生活和幸福有时只是一个幻象，由于经济发展的冲击和道德伦理的转变，人们往往会因为工作等原因不再重视家庭、宗教等具有价值的制度，人类的精神生活也因此而变得贫乏枯竭，人的创造力和生命力也相应地减弱或恶化，而这也是现代人不快乐的主因之一。还有一种观点认为，当代文明在传递科技知识给年轻人的方面是成功的，但是却不能传嬗一个文明之道德、文化和历史遗产。当代社会存在一种问题，即道德动力似乎随着科技文明、经济发展的成长而递减，人们普遍将物质的需求和利益优先于伦理道德问题，专业化、社会分工的结果，也使人们的生活越趋支离，缺乏对人生整体幸福的反省。在这样一个人们越来越疏离的社会，伦理道德对人生幸福的重要性，实在值得加以重视和强调。[①] 因此，李尚圭指出，现代社会最亟待解决的问题是人类道德感以及面对责任时所应有的尊重已经逐渐消失，不择手段的成功和永无止境的贪婪成为现代社会最主要的两大危机，这种争名逐利，不但使人性受到贬抑，而且人们也因此忽略掉人之所以为人，正是由于人具有评估行为和目标的道德能力。

首先，道德哲学虽然告诉我们善恶的原则，但并不能够保证每个人都按照要求去进行善的行为，抛弃恶的行为。它告诉你道德原则，但不保证你能成为谦谦君子，甚至当人们按照善的原则行动时，也不能保证他不做错事，没有恶行。因此，要成为道德君子，要使自身行为趋向于善、有好的行为，除了要知道善恶是非的标准外，还需要培养出趋善避恶的行为习惯，也就是说要身体力行地实践好的行为，养成良好的行为习惯，这不单单是道德哲学的要求，还跟个人的修养有关系。

其次，道德哲学的各种理论虽然在处理具体问题或提供解决方法方面有不同甚至相互冲突的地方，但都是各有所见，在某些层面上有各自言之成理的地方。不同的道德原则之间也许不能同时成立，

① 林火旺：《伦理学入门》，上海古籍出版社，2005 年，第 4—6 页。

各种理论或深奥，或简单，或全面，或片面，所用语言和观点表述也各不相同，但其反映的精神仍有相通。这些道德原则在人生的目的、道德行为的意义等问题上，都反映了某种智慧，对于后人来说，都可以起到或大或小的启发作用。从马克思主义哲学的角度来看，真理总是无限发展的，对真理的探索过程也是不断深入的，每个人都可以在真理的探索过程中发现一些新的人生智慧。从另一个侧面来说，李尚圭认为道德哲学不是一门静止的、平面的学问，而是活生生的、立体的学问，我们不必拘泥于寻求某种“固定答案”或“万能公式”一样的道德哲学方法，相反，通过对无限发展的真理的探究，人们更能够对真理和我们生活的世界产生最高的敬意，也正是由于人类智慧的不断生长，使我们对自身认识世界、改造世界的能力总是寄予新的希望。

最后，经过对道德哲学的思考，李尚圭开始找寻自己的实际道德原则，追问自己想过什么样的生活。通常在判断行为合理与不合理之前，通过对“道德哲学”的阅读，李尚圭可以较清晰地认识到自己的道德观念究竟接近哪种学说，这类学说又有哪些优点和不足之处。此外，通过对道德哲学的学习，可以使李尚圭对日常生活中一般的道德主张进行较理性的理解，并有能力对现实社会中各种流行的道德观点进行较好的甄别和评价。在对道德的本质、作用等知识的学习中，使李尚圭更好地了解了为何社会需要道德的存在，以及道德原则的理想基础是什么。总之，在当下比较浮躁的韩国社会氛围中，李尚圭重新找寻道德的“踪迹”和人生的意义、对幸福的理解，具有一定的现实性和紧迫性。

第三节 李尚圭的诚信观

诚信体现了人与人、人与社会和谐有序的基本要求，也是社会成员理应具备的基本品格。“诚”不仅是天道本体的最高范畴，而且是做人的规矩；“信”主要是指在市场行为中的信用、信誉和社会交往中的恪守承诺。中国传统思想中早有“人无信不立，业无信不兴”“人言为信”“精诚所至，金石为开”等名言警句，均体现了诚信是儒家文化一直以来坚持的道德要求和崇高的人格品质。诚信是公民社会交往过程中最起码、最基本的道德行为准则，是儒家文化圈极具影响的传统美德。李尚圭认为诚信是立人之道、立业之基和立国之本。

一、诚信是立人之道

诚信是任何一个社会核心价值观中，个人层面非常重要的内容。诚者不欺，信者守信。我们要做到内诚于心，外信于人，没有诚信，一个人无法在社会上立足，无法做人。《尚书·太甲下》有言：“神无常享，享于克诚。”《弟子规》中也提到“事非宜，勿轻诺，苟轻诺，进退错”。古人强调“言必行，行必果”就是这个道理。如果不诚信，你就不可能成为君子，而将被视为小人。孔子有言“人而无信，不知其可也”，并将诚信放在做人三大德之首，强调“人之所以立，信、智、勇也”。诚信是个人必须具备的道德素质和品格，一个人没有诚信的品德，很难形成身心完整的自我人格，更不会有良好的人际关系。朋友有信“是中国传统文化的一个基本原则，诚实守信才会形成持久的人际关系。一个人的社会资源、事业能力、经济地位、政治高度往往与其信誉程度有着紧密的联系。因此，诚信既是一种人们在立身处世、待人接物和生活实践中必须而且应当具备的真诚不欺、实事求是的态度和信守承诺的行为品质，又是一种社会的道德规范，是社会用以维护自身的运行发展所必须的价值目标和行为准则，它要求人们尊重客观规律，以求真务实的原则指导自己的行动，以知行合一的态度对待各项工作，说老实话、办老实事、做老实人。① 诚信是实现自我价值的重要保障，也是个人修德达善的内在要求，更是人际交往的必备要素。

任何商人的成功，都伴随着不畏艰辛的创业、吃苦耐劳的拼搏和诚实守信的精神。李尚圭经常说一句名言：人勤地不懒，经商靠苦干，利从勤恳来，天上不掉钱。吃苦耐劳、不畏艰辛的精神是以李尚圭为代表的一代韩国商业人士创业之本，也是后来韩国企业持续发展，韩国崛起并成为“亚洲四小龙”的原因之一。最早的时候，李尚圭带领团队推着独轮车，顶风冒雪往来各地，经常一趟生意步行就得十几天、几十天，一路跋山涉水，常常遇到各种天灾，有时路过治安不好的地方，还会遇到人为的困难，甚至是官府的欺诈，经商之途的艰辛可想而知。但他们就是这样一步一个脚印，一车一车的走遍全国，把货物运往四面八方。他们勤奋经营，奔走于各地。以李尚圭为代表的一代商业人士就是靠着这种吃苦耐劳的精神和不

① 王泽应：《伦理学》，北京师范大学出版社，2012 年，第 145 页。

畏艰辛的努力才获得了后来的成功。但吃苦耐劳不意味着死脑筋、不开窍，那样他也就成不了一个成功的商人。李尚圭带领团队在经商过程中摸索出一套成功的交易方式，他们在韩国首尔设立购销总站，将各种货物运往韩国各地，并采取积极的政策，甚至早期有时也采取以货易货、货钱两便的方式，从而将自己生意越做越大，随着品牌越做越强，他的资金也越来越雄厚。他将诚信和质量作为经商之道的“经典”，又有着积淀下来的管理经验，加上灵活的经商规则，使得李尚圭在韩国商业领域脱颖而出，立于不败之地。

二、诚信是立业之基

企业发展初期，李尚圭并没有像其他商家一样以次充好，或通过广告等宣传方式将自己的商品吹得天花乱坠，也没有采用过度的营销手段达到扩大销售的目的，而是通过提升所售商品的品质、降低销售价格，并通过不同途径回馈客户以使他们能够获得更好的服务，这样的话，虽然自己公司商品的盈利减少，但是客户通过对这种较好商品的使用体验，更好地满足了自身需求。于是，他们成了长期客户，为企业带来了持久的利润。在这个商业交往的过程中，我们不难发现，李尚圭主动降低了自己的商品单价和利润，这显现出来个人行为背后的冲突，也就是，他虽然也想多赚一点钱，但基于自身的道德价值观和企业价值观却不得不将自己的商品价格降低。为什么会有这种冲突？如果李尚圭从“经济人”的角度出发，势必要以赚取更多的金钱为标准；如果从“道德人”的角度出发，则需要对他人讲诚信，这就要求做人要诚实，不能用欺诈的方式赚取金钱。所以，“诚信”这个道德规则有时会要求商业人士做出违背自我本性喜好的选择。通过对李尚圭企业经营模式的思考，我们看到，基于人本身的自然本性，人们必须通过与他人的合作才能过上较好的生活，而人们要能真正的分工合作，就必须彼此互信互谅，否则一旦信任不存在，尔虞我诈，合作的基础就会丧失，因此，“诚实守信”是人类社会合作发展所必需的。如果我们仅在诚信有利于自己的时候才诚信，无利的时候不诚信，这样一来，社会就会陷入混乱，诚信也就无法成为大家共同认可的行为通则，这将腐蚀社会信任的根基，加剧社会成本和个人负担，企业也会陷入“无底深渊”和万劫不复之地。所以，只有人们都养成诚实守信的品格，社会才能良性运转。

因此，李尚圭认为诚信是行业之间、企业之间良性互动的道德杠杆，是从业人员在职业活动中必须遵循的行为准则。但作为一种比物质资源、人力资源更为重要的社会资源，其价值却往往被忽视。信用是一种无形资产或道德资本，它直接关乎社会现状或企业形象，从而形成一种社会文化资源。如果企业失去其应有的社会信誉，就将丧失品牌竞争力和社会美誉度，企业的品牌价值将一落千丈，生存发展也将陷入窘境。正如美国学者金黛如所说：“如果一家公司可以信任它的员工、顾客和合伙人，那么它也许就能够降低其成本。”① 随着韩国社会商业经济的深度发展，诚信等颇具契约精神的社会道德规范逐渐成为人们行为的共识，个人利益的获得也势必与整体社会利益的增长形成正相关的关系，也就是说个人只有在社会整体利益发展过程中，才能够得到更好的发展。在这里，发展已经

---

① ［美］金黛如著，陆晓禾译：《信任与生意：障碍与桥梁》，上海社会科学院出版社，2003年，第1页。

不仅仅是企业自身实力的增强，还更多地蕴含着组织与外部、组织内部各要素之间的关系优化与完善。

市场经济本应是道德的、诚信的经济，诚信是市场经济的基础和灵魂，没有诚信的存在就没有井然有序的机制和安全的交易。随着电子商务等互联网经济的发展，在企业经营过程中，李尚圭更加重视信誉的培养，珍视信用的培育。社会发展清晰显示，越是发达的市场经济，越需要信用伦理的支撑。李尚圭每年都会将其企业分布在韩国各地的高管召集到首尔本部进行培训，其讲解的内容主要是企业文化和诚信问题，强调企业要获取“阳光下的利润”。好制度可以使坏人无法任意横行，坏制度却使好人无法做好事。为加快诚信社会建设，韩国推出很多政策来推动信用社会构建，进一步加强诚信规范，使之形成社会共识，成为个人与企业共同的追求，最终内化于心、外化于形，推进社会文明进步。在企业几十年的发展过程中，李尚圭提出诚信是企业发展的基石，并将诚信转化为一种内在的德行价值，保持利益关系有序和谐。

三、诚信是立国之本

李尚圭始终认为，人民是国家的主人。儒家文化早有“民惟邦本，本固邦宁”“诚信立则下无二心，德礼形则远人斯格”等观点。美国知名学者弗朗西斯·福山在《信任》一书中曾指出，21 世纪是信誉的世纪，哪个国家信誉度最高，哪个国家就会赢得更广阔的市场。诚信作为现代社会治理体系“多米诺骨牌”中的最顶头一张，对国家和社会的发展作用尤重。它不仅产生经济效益和物质财富，而且衍生精神财富和社会价值，是内在道德性和外在规则功能性的统一。历史经验表明，一个国家想要真正地走向富强，必须依靠诚实的劳动、创造性的劳动进行发展。与此同时，建设诚信政府、诚信社会，提高政府公信力，优化管理资源配置，不断细化监管标准并更新监管方式，也是社会文明的重要内容。加大政府问责机制建设，加强对各级政府和公务人员失信行为惩处力度，进一步深化惩治腐败，将危害群众利益、损害市场公平交易等政务失信行为作为治理的重点，这样才能更好地发挥政务诚信对其他社会主体诚信建设的重要表率和导向作用。近年来，韩国逐渐加大对公职人员失职渎职的惩处力度，通过完善社会信用体系建设、加强个人征信系统的数据库建设，大力弘扬诚信文化，健全守信激励办法和失信惩戒机制，以重点领域、重点人群为突破口，推动韩国全域不同行业的诚信记录体制建设。同时，在互联网飞速发展的今天，推进电子商务领域的诚信建设，完善网络社会信用体系建设也势在必行。只有将诚信建设与完善韩国市场经济体系、改变财阀垄断格局、创新社会治理、构建廉洁政府等联系起来，聚焦重点领域、突出问题导向，在激励守信、惩戒失信上下苦功夫，才能见真效果。

通过几十年的社会活动和经商历程，李尚圭发现社会诚信建设是一项系统工程，需要群策群力。诚信是社会道德秩序和价值规范的具体体现，是社会文明的“窗口”，是国家软实力和企业竞争力的重要指标。

第四节 李尚圭的敬业观

“敬业”就是忠于职守、尽职尽责，对自己所从事的工作，不论社会地位高低上下，不论工作强度和工作报酬多少，都有高度的责任心和荣誉感。李尚圭指出，敬业就要肩负责任、努力工作，这既是个人事业成功的根本保证，又是推动社会进步的精神力量，更是社会发展的重要精神支柱。因此，认真工作、爱岗敬业的道德风范，乐业、勤业、敬业的负责任的工作观，形成了李尚圭健康向上的人生观。

一、应以“乐业”为先

对于任何一种职业，首先需要个人“乐业”，也就是发自内心的热爱自己的职业。爱因斯坦曾经说过：“兴趣是人生最好的老师。”《老子》有言“安其居，乐其业”；《礼记》中有“敬业乐群”。儒家思想创始人孔子曾指出：“知之者不如好之者，好之者不如乐之者。”意思就是，对于任何学习而言，懂得如何学习的人，不如喜欢学习的人；喜欢学习的人又不如以学习为乐趣的人。无论学习、创作，还是工作，李尚圭都能感觉到，兴趣、爱好是行为的动力之源，但更高的境界是“乐”，即以自己的职业为乐趣。李尚圭在企业管理中通过对大量调研数据分析得出这样一个结论：如果一个人从事某种自己不喜欢的工作，与某人从事自身喜欢的工作比较起来，前者的工作效率要远远低于后者，并且跳槽或出现工作事故的概率也要高很多。难怪诺贝尔物理学奖获得者杨振宁曾明确指出自身成功的秘诀在于兴趣。其实，通过李尚圭企业成长的经历，我们能够清晰地看到，兴趣对一个人个性的形成、对一个人生活和工作的热情起着非常大的作用。兴趣使人们对自身喜爱的事物给予优先注意和积极探索，并表现出热情，当获得这方面的知识或参与此活动时，能使个人体验到情绪上的满足，进而形成行为上的自觉自愿。因此，兴趣对一个人从事某种职业，养成良好的职业习惯和职业操守有着非常重要的作用。

二、应以“勤业”为主

如果说“兴趣”是人生职业起步的第一位老师，那么“勤奋”就像一位严厉的督导，督促着人不断前进。美国“发明大王”爱迪生曾说过，天才就是百分之九十九的汗水加上百分之一的灵感。我国著名数学家华罗庚亦认为，聪明在于勤奋，天才在于积累。工作的过程就像攀登高峰一样，要经历和克服无数艰难险阻，只有那些善于独立思考的人，那些艰苦奋斗、锲而不舍的人才能获得真正的成功。业精于勤荒于嬉。在韩国文学界和首尔商业界，李尚圭为什么能取得令人刮目的成绩，这都源于他自身的自强不息和艰苦奋斗。勤奋是事业成功的保障。李尚圭与身边的管理人员和青年学者交流时常常讲：“你们还年轻，而且你们会继续成长，记得每天保持进步。”我们有理由相信这句话不仅仅是说给身边人的，更是李尚圭一直坚持、不断进取的动力之源。

三、应以“敬业”为本

敬业乐群是儒家思想中的优秀美德。敬业是一个人对自己所从事的工作负责任的态度和表现。从道德哲学角度来看，道德体现为人们在不同的集体中，为集体利益而约定俗成的，应该做什么和不应该做什么的行为规范。因此，敬业作为一种职业道德，要求从事一定职业的人，在集体工作中，在履行本职工作的过程中，应当遵循职业范围内的特殊道德准则，对自身的工作态度保持严格的要求。尽职尽责就是把自己工作职责范围内的事情做好，高度的责任感是敬业的核心。那么，敬业精神要求我们在职业活动中树立主人翁的意识，培养恪尽职守的工作态度，不断钻研本专业的技能，保持良好的劳动态度和务实苦干的精神，以正确的人生观和价值观指导自身的职业行为。

面对现实中的情况，李尚圭认为敬业精神主要应表现在如下三方面。第一，对社会和公众利益的责任感。职业是社会分工的产物，因此，职业应体现社会公共利益。敬业精神的宗旨首先就是追求社会整体利益最大化的实现，如果不是把本职工作的伦理规范放在社会伦理的大背景下，不是首先追求社会的整体价值目标，任何一个具体职业的伦理规范都可能走向偏差，成为无源之水、无本之木。因此，每一个职业工作者首先要有对社会、对公众尽心尽责的心胸和关怀，这构成了敬业精神的核心要求。第二，对本职业总体荣誉的关心。李尚圭认为，立足于社会、公众的立场并不等于放弃各个职业本身的特点和内在要求，恰恰相反，要在追求社会、公众利益的基础上，进一步追求本职工作的成就感，完善本职工作的各个环节，使之以更好的形象、更高的效率展现在世人面前。拿破仑曾经说过："不想当将军的士兵不是好士兵。"可以想象，没有一种对工作、对事业的热爱，就不会关心它的社会声誉，也不会忍受长久平凡而寂寞的清苦生活。俗话说得好，"吃得苦中苦，方为人上人"，没有脚踏实地的付出，没有对本职工作的苦心钻研、体会，一个人就不会看到经历风雨后的美丽彩虹，也永远不能体会工作成就所带来的喜悦。第三，对职业和行业比对目前的雇主更忠诚。一切职业活动要依据本职业的普遍标准，而不是客户或雇主们的特定标准。如何协调二者关系取决于具体的情境和当事人合适的技巧，但这种种方法应当始终顾及社会和本职业的整体利益，通过恰当的道德评价、伦理取舍，将对它们的损害减少到最低程度。

敬业是现代社会职业经理人的必备素质之一。与以往时代相比，现代社会的分工更加精细，一个产品从设计，到生产、销售，再到消费，中间要经过无数道工序和环节，任何一个工序或环节出错都会造成难以弥补的损失。设计不当会影响产品的使用；生产不当会出现次品、废品，凝结在其中的物力财力等资源就会被浪费掉；销售中保存不当会影响产品的质量稳定性，甚至成为危害人身安全的产品，等等。总之，尽管任何一个环节只对最终产品付出部分劳动，但它们共同构成产品的整体质量，所以，每一道环节生产都要求人们具有良好的敬业精神，这才能保证产品的顺利生产和流通。企业是这样，社会很多方面也都是这个道理。

"三百六十行，行行出状元。"李尚圭认为任何工作都有其自身的社会价值，要做到"干一行、爱一行、专一行"，这就是提倡以创造性的劳动为社会做贡献。试想，如果人们干什么不爱什么，干什么不专什么，工作时不求有功但求无过，那么，社会这部大机器还能正常运行吗？如果社会这部大机器都锈死了，个人还谈得上什么个性解放和人才流动呢？其实，干一行、爱一行、专一行并不是要求人们一辈子只能干一种工作，而是要求人们无论干什么工作，只要在认真工作着，就要爱它，就要干好工作，不尸位素餐，不敷衍了事，不愧对自己和他人，力争在任何岗位上都努力发挥出自己的全部能量。因此，李尚圭认为，以个体的荣誉感、信念和良心为基础的敬业精神需要通过长期的、自觉的敬业实践，形成对本职工作的敬重心和责任感，从而获得良好的职业品质。敬业精神当然也不会忽视从业人员要健康的乐业、勤业并积极提高自己的业务和技能。最重要的是，对本职工作的热爱、投入、负责、尽心的思想意识和行为习惯，这些精神因素构成了高素质劳动者的重要内容。

第五节　李尚圭的奉献观

列宁曾经说过："道德是为人类社会上升到更高的水平，为人类社会摆脱劳动的剥削服务的。"① 李尚圭在其诗文中就已经表露出一些朴素的观点，他认为社会是一个有机整体，个人与他人、集体、社会在不停地进行互动交流。在这一过程中，个人或多或少会考虑自己能够获得什么，也会思索我应该为社会和集体做些什么，现实

① 《列宁选集：第4卷》，人民出版社，1995年，第355页。

中又能怎么做，这些个人的思考和行为都与道德水平有着密不可分的联系。在现实社会中，社会责任是每一位公民应当承担的义务，是社会持续发展不可或缺的重要因素。李尚圭认为，每个人都不应当仅仅完成自己的工作，还更需要完成社会的任务——不计报酬地为社会、集体、他人服务，这就是奉献社会。

一、奉献爱无价

从字面上来看，“奉”字原指“捧”，意思是献给；“献”则指把东西恭敬地给尊敬的人。奉献连在一起就是指恭敬地呈献，后来逐步演化成为集体或他人默默付出、不图回报、无怨无悔。韩国将奉献表述为“奉仕”，为了读者的适应性，我们仍习惯用“奉献”一词。奉献社会包含了爱岗敬业、诚实守信、办事公道、服务群众的职业道德要求，同时又要求全心全意、无怨无悔地为社会和他人做贡献，不计较个人得失。① 对个人来说，奉献精神最主要体现在职业道德中，它是个人道德素质、工作自觉性和人格力量的体现。从某种角度来说，奉献就是要求相关职业的从业人员在自己的岗位上通过踏踏实实的工作和创造性的劳动，自觉为他人、集体和社会做出贡献。具体来说，奉献体现为公民热心公益事业、助人为乐、见义勇为、救死扶伤。当下韩国正处于经济转型发展的关键时期，在市场领域越是实行按劳分配和按生产要素分配，遵循等价交换的基本原则，在社会公共领域就越要强调奉献精神的重要意义。

说到奉献性的工作，李尚圭最关注的是教育领域，最推崇的是

---

① 《伦理学》编写组：《伦理学》，人民出版社，2012 年，第 326 页。

教师行业。李尚圭认为教师是为社会培养和造就合格人才，为社会传播知识和文化服务的。因为教育工作是无止境的、艰辛的创造性劳动，特别是基层教育工作更是“树人”工程，难以取得立竿见影的收获，因此在很大程度上不能换回等价的报偿。在其企业发展到达成熟期后，李尚圭积极开展对韩国全域和中国东北、华北师范类高校学生的教学资助，大力支持基础教育和高等教育中的贫困学生顺利完成学业。热爱教育、乐于奉献是教师职业道德的基本要求。作为“太阳底下最神圣的职业”，教师只有充分认识到自身工作与社会发展、人类进步的紧密联系，才能更好地发自内心地热爱教育事业，忠于教育事业，甘愿把“三尺讲台”和所有学生的进步作为自己生命的一部分，用辛勤的劳动和默默的耕耘去指导学生、爱护学生。对于教师行业的性质，我国著名教育家陶行知曾经精辟地将之总结为“捧着一颗心来，不带半根草去”。这种为教育事业鞠躬尽瘁的精神值得后人不断学习。中国有句俗语说得好，“百年大计，育人为本”。教师的劳动是一种功在当代、利在千秋的创造性劳动，它需要教师付出全部的聪明才智和大量的时间精力进行不断的、重复性的劳动，其劳动成果往往深藏在学生的成功中，而自己有可能一生默默无闻。“燃烧了自己，照亮了别人”，赞颂的正是教师乐于奉献的精神。教师不但要耐住寂寞，还要守得清贫。在现实当中，大多数教师的生活还是相对清苦的，既无显赫的社会地位，也没有优厚的物质待遇，但他们不计得失，忠于职守，富于牺牲精神。只有把敬业精神培育成为一种习惯，才有可能在平凡的工作岗位上爆发出超乎想象的能量。因为在李尚圭心中，职责就是生命，奉献就是一切。

人活着并不仅追求物质生活的满足，更重要的是精神生活的富有——对人类的无私奉献的认可。李尚圭为什么对奉献精神、职责精神有着执着的热情？从一定意义上说，他深受中国传统儒家思想影响，特别是中国历史上仁人志士的家国情怀、奉献精神对其影响至深。如唐朝诗人杜甫一生穷困坎坷，但他不失“安得广厦千万间，大庇天下寒士俱欢颜”的忧国忧民、无私奉献的赤子之心，终成一代“诗圣”；岳飞尽忠报国，为抗击金兵奉献出自己全部的心血，遂被誉为抗金英雄；范仲淹远离朝廷权力核心，仍不忘“先天下之忧而忧，后天下之乐而乐”的奉献精神，始有文正公美名；文天祥危难之时，用生命演绎“人生自古谁无死，留取丹心照汗青”的佳话。这些古人的无私奉献精神值得当代中韩两国青年人认真学习。

总之，奉献是爱的自然流露，是一种幸福，是一种崇高的情感，是一种高尚的品质，更是自己生命的延续和升华。正如印度著名诗人泰戈尔所说：“我们必须奉献于生命，才能获得生命。”人们之所以能够得到最大的幸福和自由快乐的心境，莫过于真诚的友谊和无私的奉献。

二、索取应合理

奉献与索取总是同时存在，并行不悖。有奉献必然有索取，有索取必然也有奉献。奉献指的是个人对社会和集体的付出，索取更多地体现为社会和集体对个人的回报，它们就像矛盾的两个方面，有着辩证统一的关系。但是人应该怎样活着，活着的意义又何在，我们是否能够一味奉献或一味索取？李尚圭对这个问题有着自己的态度和看法。他认为“只要人人都献出一点爱，世界将变成美好的人间”，人生的价值在于奉献而不在于索取。在现实社会中，默默无闻地奉献，不求索取的人层出不穷，屡见不鲜。奉献是索取的前提，索取是奉献的结果；奉献第一，索取第二。

在现实社会中，只是索取而吝于奉献的人很多，他们歪曲理解“人不为己，天诛地灭”，而形成了极端利己主义。一心想的是如何索取，而不是如何付出。面对这种腐朽和落后的思想观念，我们应当坚决摒弃，并且要充分认识到，只有每个人都对社会有所奉献，社会才能有足够的财富来满足个人的需求。“大河有水小河满，大河没水小河干”的道理相信很多人都懂。如果每个人都吝惜自己的点点滴滴，或者只求索取不愿付出，那么社会整体的财富就会枯竭，索取就成了无源之水、无本之木。俗话说得好，“将欲取之，必先予之”，要想从社会获得些东西，就必须先有所奉献，为社会和他人做出贡献。

索取与奉献是相对的概念，如果一个人只知道索取不懂得奉献，那么，他的贪欲就不可能得到满足，再比如，如果没有人愿意奉献，个人又能向谁索取呢？正如有人所言，一个人的人生价值就是他一生中全部的奉献减去一生中全部的索取。对社会尽到责任和做出贡献的人，社会就会给予相应的回报，他的索取一般都能得到社会的尊重与满足。个人对社会奉献的越多，社会给予的回报也就越多。奉献必须大于索取，人类社会才能持续地发展下去。如果每一个人的奉献与索取正好相等，社会就没有剩余的财富，社会的发展就失去了物质基础，人类社会就会停滞不前，更不用说个人的索取大于个人的奉献，人类社会的整体资源就会逐步枯竭。

人做一点好事并不难，与人方便，与己方便。每当面临一些事情或竞争的时候，我们应该多为他人、为集体、为社会着想，如我这样做，别人会怎么想，是不是会影响到集体和社会的利益。尽管在韩国现实社会中有些负面的事件让人们对社会发展的信心产生动摇，理解有所偏差，甚至有人认为社会物欲横流、道德滑坡，但是当我们放眼整个社会，看主流、看大方向的时候，我们仍然能够感受到社会中积极的正能量和蓬勃发展的大方向，当然，这有赖于大多数人的奉献才使得社会能够不断地进步。

予人玫瑰，手留余香。李尚圭始终认为年轻人在谋求个人利益的同时，应该多为集体、为社会大众想一想，把握好奉献与索取二者在“人生天平”上的重量，以奋斗为本，以奉献为荣，在劳动奉献和助人为乐中体现崇高品德。总之，奉献是一种不求回报的爱，索取则要在社会合理范围内寻求适度适当。李尚圭希望年轻人在这奉献之爱的感召下，把本职工作当作一份事业去热爱和完成，在工作的点点滴滴中寻找人生乐趣，努力做好每一件事，认真善待每一个人，平安过好每一天，为国家和人民、为地区发展和世界文明交流做出自己的贡献。

第二章　李尚圭的中韩交流实践

第一节　1992年至2002年：苦闷与希望

1992年，对于中韩两国是具有划时代意义的一年，经历了历史的苦痛与时代的发展，两国水到渠成地恢复了正式外交关系并开启了民间交流的新纪元。这一年对于韩国的文化界来说如同久旱逢甘露，又可以自由地与中华传统优秀文化进行交流，这是非常值得庆幸的事。纵观中华文化对外传播的历史，朝鲜半岛向来是近水楼台，最早接受并活学活用来自中国的传统文化。早在周朝便有“箕子走朝鲜”之说①，战国时期，众多燕赵民众为避战祸由辽东半岛或山东半岛前往朝鲜，中华民族的军事、政治、文化、艺术等当时先进的思想和技术均被带到了朝鲜半岛。② 汉唐之际，两地之间的交流

---

① 《尚书·洪范》《史记·宋世家》与高丽时期僧侣一然所著《三国遗事》均有记载。

② 王世贤：《古代中国与朝鲜半岛国家文化交流述略》，《烟台大学学报》，1992年第4期。

开始逐渐走向顶峰，在经济、政治等多方面形成了互利双赢的关系，在宗教、音乐、艺术等方面朝鲜半岛的统治阶层与文人墨客更是孜孜不倦地学习接纳并将其融入本国特有的艺术形式。① 到了朝鲜朝，统治阶层与学者接受儒家学者朱熹的理学思想，将其立为治国之本并深入发展该学说，仅儒家朱子学说便引起朝鲜学者的长期论争，②足见中华文化对朝鲜半岛影响之深。

第二次世界大战给全人类带来了苦痛，也破坏了文化的正常传播与交流，对于中韩两国的文人来说这是一段黑暗期。然而正义最终取得了胜利，这也使得渴望外来文化的韩国看到了春天的到来。中国改革开放后经济的飞速发展，国际地位不断上升，两国终于突破重重障碍，正式建交并开始谱写新的篇章。李尚圭是众多关注中国和学习中国文化的文人中的一员，他最初经商后又从文，在这段转折过程中起到引领作用的竟然是来自中国的唐诗。李尚圭从创业之初到事业稳定，经济上从贫苦到富足，心灵却始终得不到想要的安宁。他从未停止过对家庭和社会的思考，即使青年时期的爱情也是用智慧打动爱人，而不是简单的浪漫，在给其夫人的 100 余封"情书"中，比起甜言蜜语，更多的是他对生活的困惑和对社会的感知。当事业成功之后，他不安于现状，想从精神上得到更大的领悟与满足，于是开始寻找释放心灵的方法。曾几何时他寄情于山水，经常游历韩国的名山大川。可这只能解一时之苦闷并不能长久地滋

① 朝鲜朝的特有诗歌形式"时调"发源于中国六句体诗便是一例。(张哲俊:《时调与中国六句体诗的形式比较》,《延边大学学报》, 2003 年第 36 期)

② 以朱熹在福建武夷山作诗所设"武夷九曲"为例，从现在韩国考察结果来看朝鲜时代仿朱熹而所设"九曲"光韩国庆尚北道便有 43 处。(金文基:《庆北的九曲文化》, 庆北大学退溪研究所, 2012 年)

润心灵，一次偶然的机会他看到了家中存放的一些文学书籍，其中有唐诗的韩文译本，在唐诗中，特别是杜甫、王维等人的诗歌深深地吸引了他，他被“以景寄情”“将情附景”的写作手法所折服，开始仔细学习和研究诗歌，光是那本韩文版唐诗就被他翻了不下百遍，以至书页脱落。在诗歌文学中找到了自我后，李尚圭将注意力从管理技能和经营理念转向了文学理论研究与诗歌创作，他性格谦和，平日勤奋读书而且虚心好学，每逢朋友聚会遇到大学教师与诗人，他都会虚心请教关于文学创作的问题，他也经常寻找志同道合的朋友一起品文论道，这对李尚圭文学创作和文艺素养的提升起到了至关重要的作用。

李尚圭从学习唐诗入手，通过对大量文学作品的研究，并经友人指点，终于在 1989 年将自己的满意之作《后悟》① 发表于韩国《东洋文学》，并一举获得东洋文学新人奖。② 以此为契机，李尚圭埋头于创作，他将自己的所感所悟寄情于短小精悍且不失韵味韵意的诗歌之中，仅一年的时间他便结集出版了自己的第一部诗集——《爱情的碑文》。此诗集一经问世便广受好评，韩国著名诗人金昌直在此书序文中这样评价道：“李尚圭诗人是经历了漫长岁月的苦忍，他的诗可以代表当代诗的写作手法，他又不失之为一位有天赋的诗人。”③ 诗歌评论家金南锡认为李尚圭的诗是用智慧的意志力来克服现实中的虚无。④ 李尚圭的诗源自其多年的生活阅历和思想的沉淀，加之具有丰富的想象力与独特的写作手法，引发了广大读者的好感

① 笔者译，李尚圭因为 48 岁登坛，此诗有年纪大才登坛之意。
② 《延边日报》，1998-9-1（16143）.
③ ［韩］李尚圭：《爱情的碑文》，韩国东海，1990 年，第 2 页。
④ ［韩］李尚圭：《爱情的碑文》，韩国东海，1990 年，第 5 页。

和共鸣，此诗集出版仅 4 个月，销售量便达到了 4 万本，他的诗歌不仅在读者心中掀起了一阵旋风，其独特的抒情诗路在韩国当代诗歌界也独树一帜。在李尚圭家中，不仅是他本人热衷于文学创作，受他影响的女儿也潜移默化地爱上了诗歌创作。他的女儿在经过大量阅读和学习之后，创作了许多诗歌作品，父女二人于 1991 年出版了合集《相见相离，笑着哭了，再次相见》。对此，韩国多家媒体对父女二人进行了采访，探讨李尚圭诗人的诗歌世界、开放式的家庭教育和其女儿的学习方法。正如韩国诗人李宰户评价李尚圭女儿的诗时所说："李尚圭女儿的诗与其说是由于天赋而具有哲理性，倒不如说是女儿美丽的心灵花园被父亲栽培的结果。"① 韩国金钟焕教授不仅称赞李尚圭诗人的诗歌清新纯粹且意味深远，更对李尚圭拥有和睦的家庭，且教子有方表示了敬佩。② 虽然李尚圭诗人大器晚成，但不鸣则已一鸣惊人，20 世纪 90 年代，他经常出现在韩国文学艺术媒体的聚光灯下。

李尚圭不仅热爱文学并有所建树，他还热衷于社会活动并尽己所能帮助那些需要帮助的人。他的善心也可以从一个细节体现出来，在韩国有许多流浪猫，李尚圭在发现自己家附近有些流浪猫骨瘦如柴后，便在自家门前搭建宠物棚并放置一些饭盆，定时将一些饭菜放入饭盆供它们食用。有时候自家的饭菜不够时他便自费买一些宠物食粮喂养流浪猫狗，几年如一日从未间断过。6 年前有一只流浪猫病入膏肓，眼看就要离开这个世界，李尚圭见状于心不忍，便把它带到宠物医院不惜花重金医治，将它从死神手中夺了回来，在治疗

① 《吉林朝鲜文报》，1997-2-20（1855）.

② ［韩］李尚圭著，梁钊译：《李尚圭诗选》，河北大学出版社，2012 年，第 2 页。

结束后李尚圭怕它再遭不测，便把它养在了自己家中，一养就是6年。在饲养它的过程中，由于感染了猫身上的寄生虫，李尚圭和夫人患上了皮肤病，医生建议他们将猫丢弃，可李尚圭与夫人商议后决定：自己的病可以治好，如果把猫丢弃了，也许一个生命就要惨遭不测，于是他们坚决把猫留了下来。正是这种生活感悟才使得李尚圭有丰富的情感和诗歌创作灵感，并写了下面这首《有时你像猫》（节选）。

你的疾走飞奔
惹恼了我的愚笨
看着沾满污水的你
开始学习着等待
你那锋利的指甲
给予了我伤痕
和那绝望①

此诗便是李尚圭在收养的流浪猫康复后，看到它活蹦乱跳的姿态而诗兴大发所作。不仅对待动物如此，李尚圭还有一颗热爱自然的心，通过读他的诗不难发现，他的抒情诗歌大部分都是通过自然和对自然的关注来进行表达的，他家里栽培着各种花草，至今年过古稀的老人每天都会打理花草，视它们为珍贵的生命。李尚圭对自然对动物如此，对人更是关心关怀。在他第一次中国行之前，他和

① ［韩］李尚圭著，梁钊译：《李尚圭诗选》，河北大学出版社，2012年，第63页。

夫人不仅定期为孤儿院和养老院捐钱捐物，还担任着首尔麻浦区青少年先导委员会副会长，旨在为青少年树立良好形象，正确指导青少年的学习和生活。年过七旬的他时常会为临近的中小学做演讲，分享自己的生活经历，传授对青少年有益的经验，也会为学生讲解诗歌等文学作品。在一次演讲过后，他将主办方给予的酬劳交给学校并说："很抱歉，来的时候没有给学生们带一些书籍，现在将这微不足道的酬劳捐赠给学校，用来为学生购买些书籍。"在场师生无不为之感动，而对李尚圭来说这却是分内之事。

李尚圭不仅关心韩国国内的事，自 1992 年中韩建交后，他也时刻关注着中国以及在韩国工作学习的中国人。当时中国处于发展阶段，经济还落后于已经成为"亚洲四小龙"的韩国，由于工资的差异，许多精通韩语的中国朝鲜族劳动者开始来到韩国就业。李尚圭发现一个问题：许多韩国老板欺骗在韩务工的中国朝鲜族工作者，给予工作者的报酬远低于韩国人的工资。李尚圭对于这种现象嗤之以鼻并给予严厉批判，他认为人不应该分国界和种族，应该一视同仁，平等对待。他多次向韩国有关部门呼吁韩国社会应该提高对中国朝鲜族务工人员的待遇，并一再倡导韩国社会与中国社会应该形成相互关爱，互相帮助的风气。① 正是带着这种感情，李尚圭接触并结识了第一位中国朋友并以此开启了他长达 20 多年的中国情缘。

中韩建交伊始，正值李尚圭文学创作的高峰期，他积极参与各种社会活动。有一天，李尚圭在北汉江②游历之后进入一家餐厅就

---

① ［韩］《东北亚新闻》，2013-12-3.

② 北汉江：汉江的主要支流之一，自江原道流经春川等地，在首尔东部与汉江汇合。

餐，听到一位中年女服务员操着较为生疏的口音，他感觉对方应是中国朝鲜族人来韩国工作的。出于想要了解中国朝鲜族人在韩国工作的情况，李尚圭便开始与她攀谈起来。通过了解后得知，这位中国朝鲜族的妇女原本是中国延吉市的小学教师，由于当时中韩收入差距较大，为了更好地供孩子上大学她来到韩国工作。李尚圭对这位来自中国的妇女表达了他的真诚和热情，深知她在外国工作的不易，李尚圭每次来到北汉江都会来这家餐厅用餐并关照这位从中国来的朋友。他向这位妇女了解中国的情况并给她讲述自己的过去，还介绍了自己的诗歌并赠送给她两本自己的诗集，他许诺有时间一定做导游带她游览首尔。可是由于自身的忙碌，直到 3 个月后这位妇女的签证到期将要回国的时候，李尚圭也没能实现带这位中国朋友游览首尔的承诺，就在她将要离开的那天，李尚圭想起没有实现的承诺倍感愧疚。那天飘起了雨，仿佛上天知道有对异国的朋友将要分离，也跟着悲伤了起来。李尚圭匆忙带好送给中国朋友的礼物和一把雨伞驱车前往妇女的住所，他向这位中国朋友道歉说没能实现自己的许诺。这位妇女很是感激李尚圭的诚意和帮助，在离别的时候许诺以后一定邀请李尚圭到中国去走一走、看一看，特别是想带他游览长白山。就这样 3 个月的短暂缘分结束了，然而谁也没有料想到就是因为这短暂的缘分开启了一位韩国诗人对中国的不舍情缘。

在这位妇女归国后，李尚圭一如既往地坚持文学创作，并于 1995 年发行了自己第三部诗集《如果再要爱谁》。他本以为自己会像以前那样在韩国继续自己的文学创作，做一些对社会有益的事情，如每次遇到在韩国的中国人他都问寒问暖，为他们着想，有时候甚至自掏腰包帮助那些在韩国比较艰苦的中国朋友。但 1996 年，他的生活发生了变化，这是因为短暂相识的那位中国朝鲜族朋友向他发来邀请，李尚圭意外之余也无不欣喜。从阅读唐诗引领他走向诗歌之路开始，去中国就成了他的愿望，有朋自远方“邀”，不亦说乎！就在同年，他开启了去往中国的第一次旅行。在和朋友久别重逢欣慰之时，他更是关心起了中国的现状，了解到在延边地区还有一些地方经济比较落后，一些文学杂志面临停刊，许多出版事业无法顺利进行，这使他有了很深的感触，也在内心萌发了帮助中国文化事业发展的念头。此次中国行不仅让李尚圭圆了自己的一个梦想，了解了中国，游历了中国，还收获了他在中国发行的第一部诗集——《纯情的告白》。此部诗集的意义在于将韩国诗人的诗歌介绍给中国读者，特别是将韩国的当代诗与中国延边的朝鲜语诗歌作比较，其诗歌的情韵是不一样的。① 这为研究中韩当代诗歌提供了一个很好的资料和素材，可以说为当代中韩文学交流做出了一定的贡献，同时也为中韩民间交流开启了先河。

归国后的李尚圭，始终不能忘却初次出行中国的点点滴滴，中国的风景人文历历在目。特别是作为一个文化人，他对中国延边地区的文学现状表示担忧，经过反复思考后，他做了一个决定：资助中国朝鲜族的文学事业。当时中韩两国的交流刚刚起步，由于语言的优势，韩国人因与中国东北朝鲜族交流无障碍而倍感亲切，加之李尚圭在韩国时对中国朝鲜族特殊的感情，决定了他将资助的目光和文化交流事业放在了延边朝鲜族自治州。

---

① 《延边日报》，1997-1-15（15616）.

李尚圭最早接触的当属为他出版《纯情的告白》一书的延边人民出版社，当时出版社《阿里郎》编辑室发行的期刊《阿里郎》在出版方面遇到了一些问题，他认识到该文学杂志的重要性，这是刊登中国朝鲜族作家文学作品的很好载体，也承载着中国朝鲜族人民的民族情感，于是他向韩国社会以及文学界发出号召，希望可以帮助和支援《阿里郎》的正常出版发行。1997 年，由于经过多方奔走和不懈努力，韩国文人山岳会的赵泰哲社长为《阿里郎》捐赠了发展基金，并与《阿里郎》编辑室达成共识，建立了友好关系，他本人也为《阿里郎》的出版提供了支援。① 在此之后，李尚圭还敏锐地意识到鼓励文学创作的重要性，于是由他提供后援基金，由黑龙江新闻主办的“韩臬牌”文学奖征稿活动于 1997 年 7 月开始了，这对激励文人以及文学爱好者的作品创作起到了积极的作用。② 经过两年对中国朝鲜族文学事业的后援与支持后，李尚圭感到此项事业的重要性和特殊意义，于是他辞去了首尔麻浦区青少年先导委员会副会长的职务，推掉了许多韩国文坛的活动，组织韩国文人和企业家于 1999 年在韩国成立了韩国中国朝鲜族文化艺术人后援会，决心帮助中国朝鲜族发展文化事业，加强中韩文化交流。最初，许多文人和企业家被他的义举所感动，纷纷加入他的协会并参加各种有意义的交流活动。可是好景不长，一年后随着许多企业发展上的不景气，曾经满怀信心的企业家们纷纷退出了这项事业。可是李尚圭并没有灰心，他骨子里有一种倔强，有一股认定的事情一定要坚持下去的韧劲，于是他和夫人商议后决定“独挑大梁”，自己扛起了这项

① 《延边日报》，1998-9-1（16143）.

② 《黑龙江新闻》，1997-11-8.

事业。

2000年，一通从延边打往韩国李尚圭家里的电话让他兴奋了起来，著名抗日诗人沈连洙[①]的大量文学作品被发现，有待于研究和结集出版。李尚圭认识到了此事的重要性，急忙乘飞机飞往延吉。到达后，他顾不得休息便与延边地区的文人和教授商议沈连洙文学作品的发掘与出版工作。最终，研究小组在沈连洙的弟弟沈浩洙那里发现了沈连洙未发表的诗300余篇、小说3篇、信件200余封、日记300余篇、评论1篇文以及纪行文1篇。[②] 鉴于众多类似沈连洙文学作品的珍贵的中国朝鲜族文学资料待于整理成集，作为史料保存并供人研究，由延边人民出版社、延边社会科学院、《文学和艺术》杂志社主办，韩国中国朝鲜族文化艺术人后援会支持，《20世纪中国朝鲜族文学史料全集》丛书的资料收集和整理出版工作紧锣密鼓地开始了。这是一项庞大的工程，收集在中国较为动荡的一段历史时期的朝鲜族的文学史料，其难度不言而喻。其中，许多大学教授、相关研究工作者以及出版社的工作人员一起参与了史料的编纂工作。出版整套丛书面临着一个不可避免的问题，那就是需要大量的资金经费，而当时的经费不足是困扰编纂人员的一大难题。李尚圭了解情况后，为了可以把中国朝鲜族的文学遗产保留下来，他许诺将资助全部图书的出版。现在的他是孤军奋斗，不仅没了朋友的帮助，一些友人甚至误解他，与他渐渐疏远。他一边承受着外界的压力，一边靠自己的能力支持着中国朝鲜族的文学出版事业。此套

---

① 沈连洙（1918年5月20日至1945年8月8日），号青松，朝鲜江原道人，于1941年考入日本大学艺术学院，是著名的朝鲜族抗日诗人及作家。

② 《延边日报》，2000-6-2（16673）.

资料集原定共 20 辑，1000 万字。李尚圭为了此套丛书的顺利出版可以说是“倾家荡产”，为了支付大量的出版费，当公司的运输车需要更换时，他也只是简单的维修，他还通过戒烟戒酒，从点点滴滴来节约开支。有一段时间，公司效益不好，快要达到入不敷出的状况，恰逢正在读大学的儿子需要交学费，那时他的积蓄都用于资助中国朝鲜族的文学出版事业，已经没有能力再拿出儿子的学费，经反复思量后，他与儿子进行了一番意味深长的谈话。他举自己为例，他大学中退，靠着坚韧的毅力、不怕吃苦的精神和不断的自学最后依然可以成功，并向儿子仔细说明了自己在做的这项事情不是为自己，是为了一个民族可以保存珍贵的文学史料，其意义远比个人的事情重要。谈话的结果是他的儿子理解了父亲的用心，并听从了父亲的话，追随父亲的足迹——退学，进行创业。

由于支持如此庞大的资料集出版，李尚圭的经济陷入了困境，在出版了 11 辑之后，该项目还是由于经费困难等原因不得不终止，这也成为他的一个遗憾。在遭遇经济创伤又加之自信满满的资助事业没有圆满完成，此刻的他因身边少了理解他的朋友与志同道合的人而倍感孤独，陷入了苦闷之中。还好他的家人并没有反对他所坚持的事业，一直默默地支持着他，让他倍感温馨。令他比较欣慰的是那一辑辑文学史料的出版，就像一个个的新生命一样，预示着希望，于是他决定再难也要坚持下去。在资料集出版后，为了让人们认识到文学资料集的重要性和价值，他又支持资助开展了一系列的出版纪念会以及学术研讨会，例如 2001 年 8 月 8 日举办沈连洙文学研讨会[1]以及 2001 年 8 月 31 日举办《郑判龙文学篇》出版纪念会[2]等。不仅如此，他还多次支持延边作家协会的文学奖征文大赛。在中国共产党成立 80 周年之际，延边作家协会喜迎盛事，举办了文学奖的颁奖活动，这其中就不乏李尚圭的赞助。[3]

2002 年，中韩建交十周年，也是让李尚圭从苦闷中看到希望的一年。在黑龙江新闻选出的中韩建交十周年大事记中，由李尚圭资助的《20 世纪中国朝鲜族文学史料全集》赫然在目，[4] 这让他感到自己的努力和坚持都是值得的，自己实实在在为中国朝鲜族文化事业与中韩文化交流做出了一些贡献。两国经过 10 年的发展，在各个领域均取得了骄人的成绩，韩国也在同年与日本一起举办了足球世界杯。这一年对于中韩两国都是个兴奋之年，中国国家足球队在历经 40 年后终于首次进入到世界杯决赛圈的比赛中，韩国作为主办方自然为举办世界杯这一盛事欢呼雀跃。这一盛事无疑给中韩两国的球迷注入了一针兴奋剂，人们争相涌向韩国首尔的世界杯体育场，这其中便有号称“中国球迷皇帝”的罗西[5]。当时，罗西与辽宁电视台一行 8 人来到韩国首尔观看世界杯比赛，为中国足球队助威。李尚圭通过朋友得知有中国球迷朋友与电视台工作人员来韩，他非常高兴并前往罗西一行的住处。通过深入交流，罗西了解到李尚圭的事迹后对他表示了敬意，李尚圭就像见到老朋友一样对罗西一行

---

① 《延边日报》，2001-8-9（17035）.

② 《延边日报》，2001-9-3（17056）.

③ 《延边广播电视报》，2001（27）.

④ 《黑龙江新闻》，2002-7-25.

⑤ 罗西，原名李文刚，中国第一个职业球迷，曾因单骑走遍华夏，在中国地图上盖上各地体育局或足协印章而出名。

进行了款待并许诺带领他们游览首尔。第二天，罗西一行去观看比赛，由于当时一票难求，李尚圭无法进入体育场与罗西等人一起观看，于是在外面等待了近两个小时。比赛结束后，李尚圭带领罗西一行夜游汉江①，由于当时夜色已晚，汉江附近的餐厅均已打烊，于是李尚圭买好食物带上几听啤酒，带领罗西一行在江边饮酒谈笑。由于李尚圭的热情好客与坦诚，罗西不禁被他的精神所打动，两人虽然相见不过两天，但已然成为跨越国界、超越语言的好朋友。李尚圭向罗西激动地讲述了自己帮助中国朝鲜族文化事业进步的事情，并描绘了中韩两国文化交流的未来，罗西也抑制不住自己激动的心情，向李尚圭介绍了中国足球的现状和未来的希望，李尚圭和罗西也将各自对社会生活和对人生的认识与感悟毫无保留地进行了交流，两个性情中人就这样推杯进盏，高谈阔论了一整夜。回到住所，罗西因交往到李尚圭这样的朋友倍感兴奋，于是拿出自己的书法作品作为礼物赠送给了李尚圭，当时由于出发得匆忙，罗西没有携带印章，众所周知，书法作品有了落款落印才称得上是完整的作品，于是罗西临时起意索性用自己的手印代替印章，在自己的书法作品上“以手代章”留下了极具创意和特殊意义的印记。

在罗西一行回国的前一天，李尚圭又带他们游览了北汉江及附近几处景点。来到韩国必然要带一些纪念品回去，当其他人都在挑选购买自己心仪的纪念品时，唯有罗西没有购买。当时罗西为了自己的信仰——支持中国足球事业，毅然辞职做了一名职业球迷，由于收入微薄无力购买纪念品。李尚圭在得知这一消息后对罗西肃然

① 汉江：韩国著名河流，全长514公里，流经韩国首尔市注入黄海。

起敬，并认为自己应该为这种无私的人做些什么，于是他让罗西挑选自己喜欢的纪念品，自己出资购买作为礼物赠送给了罗西。罗西非常感动，便将自己佩戴多年的“中国结”解下作为答谢还礼给了李尚圭。2002 年至今已经过去了 19 个年头，李尚圭依然将这个中国结视为珍宝，保存完好。这不仅代表着一位中国朋友的感谢和情谊，更是中韩两国人民友好的象征。中国结的历史可追溯到周朝，是中国文化艺术的象征，罗西将它寓意为中国足球事业需要团结的精神，李尚圭将它视为中韩两国永结同好的象征。两位跨国友人能够在如此之短的时间内结下如此深厚的友谊，皆由于两国固有的文化交流传统，还因为两人都是为了自己的理想事业而默默无闻地努力奉献。两位性情中人一见如故，谱写了中韩民间交流的一段佳话。2004 年，李尚圭去长春办事，罗西得知了消息后欣喜无比，同怀思念之心的旧友再次重逢，共叙友情。

在经历了这么多的起伏坎坷之后，李尚圭从最初中韩建交的欣喜到自己经济的窘迫，从雄心勃勃地资助中国朝鲜族史料全集的出版到未完而终，从韩国文人企业家响应他的号召到各个离他而去，他体会了喜怒哀乐，也有得有失。但是，看到如此理解与支持自己的家人和由他支持资助的图书出版，各种文化活动的顺利举行，他又倍感欣慰，仿佛看到了自己所坚持的事业的希望。虽然“月有阴晴圆缺”，但他始终坚信中韩文化交流是大潮流，只要两国人民伸出友爱之手，两国的文化交流势必会持续长久地发展，并为各自的社会发展做出一定的贡献。

第二节 2002年至2012年：坚持与泰然

2002年，中韩建交十周年之际，也是李尚圭支持中国朝鲜族文化事业的一个新起点。这一年他通过了解延边等地的实际情况，开始了一系列的支援活动。中国朝鲜族有着悠久的历史，其文化也丰富多样，在相继支持了一些抗日文学作品的出版和东北的文学讨论会之后，李尚圭认识到当今发展文学的重要性，他还特别关注教育问题，并决心帮助一些成绩优秀、家境贫寒的学子完成学业。

中国朝鲜族的童谣《萤火》至今已有60余年的历史，被各种图书杂志收录60多次，并被翻译成汉语，在全国享有很高的知名度。① 这首童谣可以说是中国朝鲜族具有代表性的文学作品，对广大儿童的影响非常大。在了解此情况后，李尚圭与延边大学师范学院达成一致，为了纪念《萤火》的文学价值，更好地发展和传播优秀童谣，由李尚圭出资在延边大学师范学院树立了"《萤火》歌曲碑"。② 李尚圭深深地意识到学生是未来的希望，他鼓励学生进行文学创作，这不仅可以让他们多读书多学习，更有助于陶冶情操，形成良好的人生观。此后，他与《中国朝鲜族少年报》发起并举办了"友谊之歌作文大赛"，旨在鼓励学生进行文学创作，在文学创作的过程中达

---

① 笔者注：《萤火》是由中国朝鲜族著名诗人赵龙南作词、作曲家金德均谱曲创作而成的。

② 《延边日报》，2002-8-13（17341）.

到促进学习的目的，并在学生心中树立多民族共同携手建设家园的情感和意识，这也促进了当时教育界双语教学的兴起和开展。[①] 李尚圭在倡导学生积极参与文学创作的同时，意识到了一个实际的问题，那便是许多学习成绩优秀但家庭贫困的学生面临着因交不起学费而辍学的情况。自身没有读完大学的他，由于自己热衷社会文化公益事业，而迫使自己的儿子大学中途退学，这在他内心里长久地藏着愧疚感和遗憾，他不想让这种不幸在其他无辜的学生身上再次发生，于是，他决心设立奖学金来帮助优秀学子。

“素井”是李尚圭的诗号，其寓意是朴素纯净的井，他以此告诫自己要洁身自好，为他人树立好榜样。他本人也将此信条作为告诫和激励他人的话语，于是，以他的诗号命名的“素井奖学金”正式设立，目的就是帮助家境贫寒的莘莘学子。同年，李尚圭将自己的退休金人民币两万元作为奖学金发给了中国学生。[②] 截至 2009 年，他设立的奖学金每年从不中断，受惠者达到了 48 人次，这些奖学金都是从他的存款及省吃俭用中积累出来的，这足见李尚圭是一个奉献社会、非常关爱下一代的人。[③] 尽管如此，他依然认为自己的付出微不足道，经过他苦口婆心的劝说，许多韩国商界的朋友同意和他一起到中国设立奖学金，帮助更多的中国学生。经过他的努力，韩国东西食品公司来到中国和他一起设立了“东西奖学金”，进一步扩大了对贫寒学子的帮助。[④] 李尚圭并不是仅仅给予学生金钱的帮助，而是“助之有道”。据他了解，有一个很严重的问题就是许多学

---

① 《延边日报》，2004-9-21（14058）.

② 《延边日报》，2002-8-19（13318）.

③ 《黑龙江新闻・韩文版》，2009-7-20（13750）.

④ 《延边日报》，2004-9-20（14057）；吉林新闻，2004-9-30.

生的家庭从高中就无力支付学费，家长由于没有足够的经济来源解决学费问题便打算让子女放弃学业。李尚圭认为奖励金钱只是治标，还应从根本上让学生和家长树立信心，认识到受教育的重要性。于是，他想出了一个办法，就是成立“超前支付奖学金”。他和工作人员筛选出几名有能力考上大学但是家境贫寒的高中生，对他们和他们的父母保证将支付奖学金，但是希望学生能够自己努力，家长也要支持子女读书上大学，李尚圭将大学所需的一年学费 12000 元人民币提前保存到工作人员那里，待学生考上大学就按照约定支付奖学金。此法甚是有效，经他资助的学生绝大部分考上了大学，日后成为对社会有用的人才。在受他资助的学生中，焦成磊便是成功的案例。焦成磊自幼学习优秀，只因家境贫寒，在学习和生活上比较困难，李尚圭了解情况后认为人才不能这么被轻易浪费，于是他从焦成磊高中二年级开始一直到大学二年级，每年均提供 6000 元人民币奖学金来鼓励他努力学习，焦成磊也不负所望，考入长春大学并顺利完成学业，现在已经就业。在受资助期间，焦成磊不忘感激李尚圭，时常写信给李尚圭询问他的身体状况以及汇报自己学习和生活情况。他在信中曾经写道：“我们虽然国籍不同，但是李社长对我经济上的帮助又让我看到了希望，我感觉自己活在光明的前途里。我想借此信向李社长叫一声爷爷，希望您可以接受我发自内心的声音。”①

不光是焦成磊，辛志宇等人也都是受到李尚圭的资助考上大学的。值得一提的是，李尚圭这种“超前支付奖学金”的办法不仅有

① 此信影印并收录在李尚圭随笔集《大苇莺巢中的布谷鸟》中。

效地帮助了许多学生，也在学生家长中掀起了一股学习的热潮。焦成磊的母亲亲身感受着李尚圭的无私帮助，内心充满着感激，虽然可以通过翻译表达自己的感谢之情，可是她总想亲口对李尚圭道一声谢谢，于是她开始学习韩语。人到中年接受新知识相对来说比较慢，加上是从未接触过的外语，一般人估计要打退堂鼓了，但正是由于被李尚圭的精神所感染，她把学习韩语当作自己的一项任务、一项乐趣、一项目标。经过几个月的学习，出人意料的结果出现了，她不仅韩语入门而且学习速度非常之快，还在延边举办的非朝鲜族演讲比赛中摘得桂冠，成为一时佳话。焦成磊的母亲发奋学习韩语的事例不仅对子女起到了表率作用，也证明了“世上无难事，只要肯登攀”的道理。从另一个侧面也反映出李尚圭引导有方，他不单单直接资助贫苦学子学费，也用自己的智慧引导青年学子努力奋进，并用自己的实践精神和魄力感染着周围的人们。

李尚圭曾倾尽家财资助的《20 世纪中国朝鲜族文学史料全集》终于得到了官方认可，在 2003 年由国家新闻出版总署和国家民委共同举办的全国少数民族优秀图书出版资金项目中，此套全书获得了第一名的好成绩。① 李尚圭此刻更加觉得自己的努力是值得的，而且必须继续坚持下去。在由中国朝鲜族少年报社和延边海外问题研究所主办的第二届“韩国知性人感谢奖”② 中，鉴于李尚圭数年间向《阿里郎》编辑室捐赠发展基金、支持黑龙江新闻举办“韩臬牌”文学征集活动、资助大型丛书的出版等突出业绩，主办方一致推选

① 《中国新闻出版报》，2003-1-15（3015）.

② “知性人”为有知识和有品性的意思，该奖是中国延边朝鲜族为感谢韩国友人而设的奖项，第一届授予了一位在交通事故中救助中国人的韩国友人。

李尚圭为获奖者。截至2003年，李尚圭已经个人出资达70多万元人民币用来资助中国朝鲜族的文化与教育事业，面对这样的“业绩”，他只是说自己是个普普通通的人，只是将自己“分享的哲学”付诸实践罢了。[①] 他认为一边给予一边索取的行为只能叫作交易，是卑鄙的。他说，如果自己有一碗饭，将自己吃剩下的饭分享给别人只能叫施舍，将自己的一半饭分享给别人才是真正的奉献。他也正如自己所说的那样，用时间和行动诠释了“分享的哲学”，并得到了中韩两国相关人员的尊敬。

李尚圭年轻时由于忙于生计与创业，不能按时饮食休息，又加之操劳过度，2000年之后健康情况日渐恶化，特别是消化系统令人担忧，随着消化吸收能力变差，他也开始逐渐消瘦。之前的他热衷于来往中韩两国，积极参加各项文化交流活动，甚至连自己的六旬大寿都是在延吉的宾馆里度过的。随着身体的每况愈下，已经不允许他频繁地长途奔波，但是他依然没有停止对中国学子的资助，不能亲自去中国的他便在韩国设立奖学金，用来资助在韩国学习的中国留学生。他以征文的形式来筛选得奖者，目的就是通过在韩留学生的文章来判断其努力学习的程度与文学素养，以及通过文章了解留学生的生活处境，以此来选定获奖者。于是，李尚圭的感人事迹被更多的人所熟知，基于李尚圭对中韩文化交流做出的贡献，韩国外交通商部向他颁发了外交通商部长官表彰奖。

到了2011年，与病魔斗争了几年后，李尚圭的体重已经不足40公斤，很多夜晚他都因为肠胃疼痛而难以入睡。由于肠胃蠕动性能

---

① 《黑龙江新闻》，2003-5-27.

差，每晚他的夫人都会帮他按摩腹部促进肠的蠕动。那一年正值古稀之年，他已经做了最坏的打算，认为自己的生命将会终结在 70 这个坎上。他的子女了解到父亲的心情，于是联系父亲的亲朋好友为他出版了《李尚圭诗全集》和《李尚圭随笔全集》，并邀请各界朋友为他们的父亲举办了“李尚圭文学全集出版纪念会”。此时，他认为自己的努力与坚持可以圆满地画上句号了，自己一生活得坦荡，活得泰然，已经实现了自身的价值，也为社会发展尽了最大的努力。由于身体原因，他于 2011 年到 2012 年无法参加许多社会活动，独自在家静养，这期间有很多受他恩惠以及尊敬他的人前去拜访问候，他不顾身体不适都一一接待。正当李尚圭在泰然地等待着自己生命的终结时，上天总是眷顾有善心的人，通过自身调理，李尚圭的身体状况非但没有继续恶化，反而保持稳定并逐渐开始好转。2012 年是中韩建交二十周年，经过这 20 年的发展，中韩两国已经在经济、政治等诸多领域成了密切的伙伴，特别在文化艺术交流领域，依托高度发达的通信技术以及便利的交通方式，两国的人文交流更加频繁，由最初主要集中在中国延边朝鲜族自治州逐渐扩大到了全国范围。李尚圭也不例外，他最初的设想就是从延边开始，逐渐扩大与中国的文化交流范围，以期达到两国文化互相借鉴、共同发展的目的。在身体恢复之后，李尚圭仿佛得到了新生，他秉持“天将降大任于己”的理念，开始以更加开放的心态迎接广阔的文化交流空间。2012 年底，他的诗歌被翻译成中文诗集《李尚圭诗选》并在河北大学出版社正式出版。此书是河北省第一次出版韩国诗人的诗集。①

---

① 《燕赵都市报》，2013-4-4（246）.

此书出版的目的正是以他的诗歌作为契机，将韩国当代诗人的诗歌世界介绍给中国读者，让中韩两国的诗歌互相交流互相借鉴，以推动两国文化更深层次的交流。

文化的发展与国家的经济水平息息相关，从 2002 年到 2012 年的 10 年间，中国特色社会主义市场经济高速发展，人民在物质生活水平显著提高的同时，对精神文明也有了相应的需求。随着对外开放进入新的时代，信息技术飞速发展，人们对外界知识、文化、艺术的好奇与渴望，促进了不同国度人与人之间的交流。依托便利的交通工具，对外交流不仅成为可能而且变得简单便捷，这是国与国之间交流的一个很重要的客观条件。正是在这种以“和平与发展”为主流的全球大背景下，李尚圭默默耕耘、无私奉献，为中韩文化交流事业做出了巨大贡献，取得了令人瞩目的成就，值得人们学习和尊敬。

第三节　2013 年以后：憧憬与梦想

李尚圭身体恢复之后，抑制不住地想抓紧有限的时间进行更加广泛的文化交流。2013 年，受河北大学的邀请他前往古城保定进行文化交流活动。在前往古城保定之前，他考察了保定的文化历史以及教育现状，于是决定将“素井奖学金”带到保定，帮助那里的学子顺利完成学业，在了解到位于保定的河北大学设有韩国语系后，他欣然决定为那里的学生寄赠图书，让韩语系的学生可以更多地接触原版韩语图书，以便于学习。4 月 3 日，古城保定春意盎然，河北大学里中韩文人汇聚一堂，当天依次举办了《李尚圭诗集》首发仪式、“素井奖学金”设立仪式和李尚圭向河北大学寄赠图书仪式。①

4 月 4 日，应李尚圭的要求，在河北大学艺术学院举办了小型的书画笔会。笔会中，李尚圭提出书画作品是不需要语言便可以共同欣赏、共同交流的艺术形式，他与韩国文人均是抱着学习的态度前来参观访问的。在书画笔会现场，两国的艺术家从古代圣贤的奇闻逸事谈到两国的传统节日，从书法技巧谈到绘画意境，进行了自由的交流。在这种跨越国界、超越语言的聚会现场，李尚圭欣然提笔写下了自己的诗号“素井”二字，并以此为出发点，畅谈了自己对中韩两国文化交流的憧憬。韩国文人山岳会的吴晚焕会长也挥毫写下“中韩文化交流发展如万里长江”，表达了自己对中韩两国文化交流发展的展望。李尚圭一行在保定行程的最后一天，他们来到中华文人书画艺术研究院，此书画研究院不仅汇聚了众多德艺双馨的书画艺术家，更是为传承中华传统文化付出了很多心血。一向重视民间交流的李尚圭与中华文人书画艺术研究院的康殿英院长进行了面对面的交流，获知了康院长为传承和发扬传统文化所做的诸多实践，在进行了深入的交谈后，双方达成了今后深化交流的意向。李尚圭此次中国之行，不仅延续了他以往文化交流的形式，还拓宽了交流范围，从文学方面又拓展到艺术和教育领域，他的中韩交流之梦在 2013 年更上了一层楼。

---

① 《保定晚报》，2013-4-4（5802）.

作品论

第一章　李尚圭的诗歌创作精神

李尚圭有若干身份：他曾是一位企业家，担任韩国高丽食品株式会社销售的社长；他是一位拥有爱心的慈善家，组织爱心人士成立韩国中国朝鲜族文化艺术人后援会，主要帮助发展中国延边地区朝鲜族的文化艺术事业，同时资助了众多中韩学子；然而他更是一位高产的诗人，有着对诗歌的热忱以及对文学艺术的追求。

第一节　热爱与自我追求

李尚圭于20世纪90年代初期正式步入韩国文坛，最初他就是因为热爱诗歌文学，所以才一头扎进文学的世界来探寻内心的出路。1993年，李尚圭获得第七届韩国自由诗人协会文学奖，从此之后，他便一发不可收地发表了无数诗歌作品。我们可以从他的诗作《我的诗》中读出那种对诗歌的热爱，感受到他孜孜不倦的创作精神。

我的诗啊
是如此的寒酸
写了又擦掉
只有那无辜的净化器
对这粉尘敏感着

本来啊
应该在稿纸上
跳动的脑髓
它却熬着
这苍白的夜晚①

诗人将自己的创作过程以诗的形式呈现在了读者面前，这便是诗人的“自我写照”，也可以说是自己内心的独白。此诗分为两部分，第一部分写创作的动态，诗人对自己的创作始终怀着不满的心情，进而形容自己的诗作是“寒酸”的。正是因为自己的诗语或表达一直无法真切地抒发自己内心的想法，所以诗人“写了又擦掉”，这可以解读为一种执着的创作精神，即不断地推翻自我，进而达到趋近完美的状态。同时，这也可以理解为是一种对表现能力或手法的怀疑精神，即语言本身所具有的局限性致使其无法表达诗人的想法或描绘诗歌的理想意境。这两种假设，我们无从考究哪一种是诗人的初衷，但可以肯定的是，诗人正是因为热爱诗歌才表现出对诗歌的追求与怀疑。

① ［韩］李尚圭著，梁钊译：《李尚圭诗选》，河北大学出版社，2012年，第62页。

那么，再看诗的第二部分。“跳动的脑髓”本来理应呈现在稿纸上，而“它却熬着/这苍白的夜晚”。比起第一部分所表现的“创作的动态”，这一部分则反映了诗人“创作的静思”，这种“静思”并非是一种随性的发想、一种漫无目的的冥想，而是对创作的理性思考。那“跳动的脑髓”象征着诗人创作的冲动与丰富的思绪，但诗人却不让那股冲动与思绪定格在稿纸上，这便是诗人对文学的高标准与严格要求，也是一种文学态度。我们可将这首诗的诗眼确定在“熬”字上，“熬”体现着一种精益求精的提炼过程。文学可以是一种冲动的即兴表达，此时的文学作品可以传递给人们快乐，也可以激起愤怒的共鸣。但李尚圭想表达的一直是对社会、对人生的思考，所以他的诗在文学效果上更强调“启示”，这就说明了他的诗歌需要理性的思考。①

我们通过《我的诗》这一作品可以充分地解读李尚圭对待诗歌的态度与创作的精神，除此之外笔者还想通过“构造主义”来解读李尚圭诗歌的形式美与内容美。首先，我们看此诗的叙述顺序：“我的诗”—“写”—“擦”—“熬着夜”。这里笔者将利用“有无”“动静”等对立性的构造主义解读李尚圭诗歌的美感。

第一，“有无”之美。诗人开篇便抛出“我的诗”，但仔细品读全诗，我们就可得知其实“我的诗”是不存于现实的，它还在诗人的心胸与脑海里。继而诗人开始将自己的感情“诗化”，而且“诗化”的过程是反复的，所以诗人说道：“写了又擦掉”。这时候，诗

① 笔者将李尚圭诗歌的特征归纳为“理性思考”，但这并不是说李尚圭的诗歌仅此一大特征。笔者坚持李尚圭的诗歌世界是丰富多样的，这里只是说明李尚圭对待诗歌的态度与其诗歌的一大倾向。

开始在现实中存在，即开始呈现在稿纸上。这也是将“心”化“诗”的过程。但是，最后的结果却是“跳动的脑髓”依旧“熬着夜”。诗人很明白地告诉我们：诗没有成形。这样看来诗歌始终存在于诗人的心中与脑海里，并没有真正的用文字表现出来。我们在读此诗的时候便会感受到一种“若有若无”的感觉，我们的思绪也会在“有无”之间徘徊，这种朦胧之美何尝不是一种“有无”之美？这里又可以衍生出一种辩证关系——“有即无，无即有”。诗人在创作诗歌前，其实诗歌已经存在，但当诗歌以文字形式出现时，诗歌却已然消失。因为“无形的诗歌”与“被记录的诗歌”之间存在着差距，如同“无形的感情”与“有形的文字”一样。

第二，“动静”之美。前面已经谈到此诗第一部分为创作的动态，第二部分为创作的静思，那么这样的构造安排会产生何种美感呢？读者在读第一部分时，很容易被诗人的动作所吸引，进而去解读诗人为何“写了又擦掉”。当读到第二部分时，诗人的静思自然而然地也引领读者们将心静了下来，继而与诗人一起沉思。沉思的主题便是对诗的苦闷与思考。那么，读此诗的过程便是一个由动到静的过程，在这个过程中读者很自然地被诗人的行为吸引，最后产生静思与沉淀的效果。就是因为有此番过程，在读诗的时候既无枯燥难解之感，又可以与诗人的心理过程保持一致，真正达到了一种作者与读者心灵沟通与合一的效果。这种并非一味地“动”，也非一味地“静”，可以称为“动静”之美。

在以上叙述的基础上，此诗极为有趣的是：它是一种“诗中诗”的表达。首先，从题目来看，此诗就是诗人在写自己创作诗歌的过程，将创作过程“诗化”，进而呈现出一首诗。但我们细看后便不难发现，诗人想诗中其实还酝酿着一首诗。但具体是何诗，诗的内容是什么，诗人想表达什么……我们便无从得知。但恰恰是这无解的谜题才给了读者无限的想象：在那“苍白的夜晚”，诗人究竟有何灵感，想写什么样的诗，为什么对一次次的写作都不满意。这些都引起了我们的好奇，进而引发我们的冥想。这种“诗中诗”的表达可以说是一种技巧，更能说是一种诗人真实的写照。李尚圭的这首自我审视作品，不仅诉说了自己对诗歌的执着，也给予了读者无限的想象空间，何尝不是一箭双雕之举?

我们在分析诗人作品世界时，以诗人对自己诗歌的看法为依据，便可以客观地确认其作品中的情绪与思想。笔者正是从此般观点出发，在正式解析李尚圭诗歌世界之前，通过解读《我的诗》，进而合理地推测出李尚圭的写作态度、写作过程，以及对诗歌的理解等。那么，围绕李尚圭诗歌的诸多问题，我们可以做如下结论：第一，李尚圭创作诗歌的前提是对诗歌的热爱；第二，李尚圭在创作诗歌的过程中秉持着追求完美与自我怀疑的精神；第三，理性思考是李尚圭诗歌的一大特点；第四，李尚圭诗歌的形式具有多样性；第五，李尚圭诗歌存在诸多技巧因素。

第二节　古典与现代变通

李尚圭最初接触诗歌之时先从古诗入手，他认识到中国古典诗歌的重要性，于是开始阅读《唐诗三百首》。他翻阅此书不下百次，以至于书都开始脱页掉页。从这一点便可以看出他对古典诗歌是多么地热爱，对古典诗歌的研究是多么深厚。他最初就是被中国古典诗歌中“以景抒情”的作诗方法与诗歌美所折服，才开始走向“纯粹的抒情诗歌”之路。在李尚圭的诗歌作品中，我们也不难发现古典诗歌的痕迹。

即便是傻瓜
也懂得生命的贵重
哎！
那可怜的虫子呦！
在那炼狱的路上
迷失了方向

可是
你又有什么罪过
要在那灰蒙蒙的
地狱池沼里
流落徘徊

烈火燃烧的九泉路上
那死亡的镣铐紧锁着
不知怨恨着谁
一定要
挨着那毒辣的火箭

就像尺蠖一样
咔嚓　咔嚓
剪切着自己的生命
日落的山坡
在那灰暗的路上
迷失了方向①

此诗的题目为《绝望》，这是诗人因为怜悯在深秋时节里即将失去生命的虫子而创作的。我们观察此诗，不难发现其结构遵循着古典诗歌“起承转结”的模式。第一段直接叙述“在那炼狱的路上”迷失方向的虫子；第二段紧接着叙述虫子在地狱边缘徘徊的情景；第三段却话锋突转，诗人提出了“不知怨恨着谁/一定要/挨着那毒辣的火箭”的质疑；第四段担当着落幕的角色，表达了无奈的叹息。

不仅结构如此，诗歌的表现方法也与“以景抒情”一脉相通。诗人眼中的虫子是可怜的、渺小的，然而环境对于虫子来说却是残忍的、无情的。诗人便是看到了这世间相互对立的、矛盾的现象才触及内心的酸楚，从而引发对世间诸多无奈的叹息。这种叹息可以理解为一种“无为而无不为”，即看似无力的呻吟却是强劲的呐喊。最后一段中写道，“就像尺蠖一样/咔嚓咔嚓/剪切着自己的生命”，这是一种生命的自我终结，也是一种对生命规律的认同与开悟。世间万物都逃不开时间的枷锁，作为渺小的虫子，其生命固然可贵，但变换的四季时令主宰着它们的生死存亡。这里面蕴含着一种时空的规律，我们可以称它

① ［韩］李尚圭著，梁钊译：《李尚圭诗选》，河北大学出版社，2012年第57－58页。

为“道”。诗人正是认知到这“自然之道”才会有最后一段的表达，作者看似怜悯虫子，似乎想试图扭转这现象，但是诗人没有那样做，只是默默地作为旁观者来观察这顺应自然规律的现象。不刻意改变自然，这何尝不是一种“无为”。通过以上论述，我们可以得知李尚圭有部分作品的渊源在古典诗歌。但是，他又不拘泥于传统汉诗和谚文诗歌的创作，而是将古典诗歌的思维和韵律灵活地运用在当代诗歌的创作中，最终形成了自己的风格。

第二章　李尚圭的诗文合一运用

李尚圭在诗歌创作领域取得的突出成就是有目共睹的，“深受韩国文人们的尊敬，更为特别的是其诗作早已蜚声中国文坛”[①]。其诗歌在题材、风格方面的独创性以及思想内容方面的深刻性为他赢得了极大的声誉。但是如果因为其诗歌的光芒过于耀眼而遮蔽了他散文的独特魅力，那对于李尚圭来说无疑是不公平的，也很难让后人对其文学成就给予公正、客观和全面的评价。事实上，李尚圭的散文成就并不逊于诗歌，甚至因为汲取了诗歌的精髓而变得和诗歌一样富有诗意，韵味无穷，达到了“散文诗化”的艺术效果。诗的散文化与散文的诗化在李尚圭的诗文创作中表现得尤为突出，两种文体在他这里展开了亲切的“对话”与“交流”，体现出他文体意识的自觉和审美意识的复苏；他懂得“文体互渗”的道理，并且不被所谓文学理论的条条框框所束缚，而是尝试着在诗歌与散文两种文体间随意地游走，丰富并拓展着他文学表达的形式与内涵。有学者指出，文体互渗体现出一种艺术上的创新，“一种文体与其他文体相互渗透与交融，吸取其他文体的艺术特点以求得新变”[②]。正是在这个

---

① ［韩］李尚圭著，梁钊译：《李尚圭诗选》，河北大学出版社，2012 年，第 1 页。

② 袁行霈：《中国文学史（第一卷）》，高等教育出版社，2005 年，第 10 页。

意义上，李尚圭在创作中追求“诗文合一”的境界又体现出他自觉的文体创新意识。对于天命之年方才步入文坛的李尚圭来说，这无疑是难能可贵且令人钦佩的。

第一节 “诗文互渗”诠释

文体之间的互渗是较为普遍也是十分重要的一个文学现象，在一定程度和范围内也是文学创新的一种体现。相较于诗歌与小说、戏剧等文体之间的融合，诗歌与散文这两种文体的互渗则更为常见，“纵观中国诗文演进的历史，我们不难发现一个规律性的现象：诗与文的双向互动，相互促进”①。而“诗文互渗”具体又可以细分为两种情况，即人们常说的“以文为诗”和“以诗为文”。“以文为诗”最早是在唐代由倡导古文运动的韩愈提出的，其要点在于“以写文的手法来写诗”。他主张在诗歌创作中引入或借用散文的字法、句法、章法和表现手法、以此来“改变在唐代已经变得规范整齐、追求节奏和谐、句式工整的诗歌外形式，摒除骈句，使诗歌松动变形，达到跌宕跳跃、变化多端的艺术效果，进而使诗句可长可短，力求造成错落之美”②。赵翼在《瓯北诗话》中这样评价韩愈这一理念的贡献：“以文为诗，自昌黎始；至东坡益大放厥词，别开生面，成一

① 周中明：《姚鼐研究》，安徽大学出版社，2013 年，第 432 页。
② 张小燕，陈佳：《诗词格律全集》，中国华侨出版社，2013 年，第 295 页。

代之大观。"[1] 可以说，"以文为诗"作为中国诗歌发展过程中一件大事，在丰富诗歌的表现手法，扩大其表现内容的同时，也一扫"中唐以来柔弱浮荡的诗风"[2]，更为后来苏轼的"以诗为词"提供了有益的启示。

而至于"以诗为文"的现象则更为普遍。中国文学以诗为主，在中国这样一个充满浓厚诗歌氛围的国度，处于古代文体格局最顶端的诗歌，"渗入散文、以诗参文是再正常不过的"[3]。中国历代文人几乎没有人不善为诗，因此"以诗为文"作为一种创作手法，也被文人墨客广范采用。"他们像写诗一样结撰散文，精心取象，妙用比兴，强化抒情，调协声律，锤炼语言，营构意境，使中国散文诗情洋溢，诗意盎然，呈现出显著的诗化倾向，具有突出的诗兴特征。"[4] 对于诗文之间的文体互渗现象，最早表现出关注的是晚唐时期的司空图，而最早明确提出"以诗为文"这一概念的是宋代的黄庭坚和陈善。尽管关于"以诗为文"理论的阐释要到唐宋之际才出现，但是相应的文学实践却早从先秦时期就已经开始。据杨景龙先生考证，这种诗文互渗现象之所以出现，和先秦时代诗文一体不分的"原型"状态有关。

先秦时代是中国文学发生的源头，那时的文体意识和诗文之间的界限并非像日后那样分明，很多作品既可以被当作散文，也可以

---

① 王洪：《古代诗歌鉴赏辞典》，北京燕山出版社，1989 年，第 944 页。

② 中国科学院文学所：《中国文学史（二）》，人民文学出版社，1962 年，第 433 页。

③ 王佳琴，郑珂：《语言变革与诗文互渗的现代转型》，《文艺评论》，2016 年第 8 期。

④ 杨景龙：《试论"以诗为文"》，《文学评论》2010 年第 4 期。

被认为是诗歌，很难做出判断和区分。[①] 如果说用韵与否是区分诗文的一般标志，那么先秦散文中却多有用韵的情况，这就显得十分矛盾；而且，很多诸如比兴、取象这样的诗歌表现手法，在《诗经》《楚辞》这样的散文作品中也经常被使用，这就使得诗歌与散文的界限变得更加模糊起来。先秦时代的诗歌与散文“在用韵、排偶、比兴、取象上这种一体不分的状况，说明了早期散文文体内部就包含着诗的基因、早期诗文在文体上可以兼容这样一个基本事实”[②]。这也为日后历朝历代的散文家用“以诗为文”的方法进行创作奠定了坚实的基础，也使散文的诗歌化倾向成为一个独特的文学现象。

何谓“散文的诗化”，其特征又体现在哪些方面？每个人的理解都各有侧重，角度各异。笔者更倾向于认同杨景龙先生的说法，在他看来，散文的诗体特征主要表现在以下 5 个方面：语言句式和声韵格律、比兴取象、抒情、跳跃性与想象力以及语言的锤炼与意境的营构。[③] 设若以此标准观之，李尚圭散文的诗化倾向也极为明显，诗化构成了李尚圭散文的重要特征。通览李尚圭的散文，我们不难发现其中包含着诸多寓意饱满、蕴含深厚的意象，以及由这些意象延伸出的颇具哲理的象征意味；那种“物我两忘”“情景交融”的意境画面，也给人以美感和享受；想象力不时地跳跃与迸发让故事不再单调乏味，而是充满灵动和生气……这些莫不是他散文诗化的表现。李尚圭既是一位诗人，又对散文随笔创作颇有心得。他的诗作

---

① 杨景龙：《试论“以诗为文”》，《文学评论》，2010 年第 4 期。
② 杨景龙：《试论“以诗为文”》，《文学评论》，2010 年第 4 期。
③ 杨景龙：《试论“以诗为文”》，《文学评论》，2010 年第 4 期。

“感情细腻丰富，文笔清新优美，内容易懂却不落俗套”①；他的散文取材广泛，内容丰富，视角独特，有对人生理想的展望，有对自然景物的抒怀，也有对时下社会之怪象的评说，更有对往事的追忆与感悟。李尚圭对于诗歌与散文这两种文体都有着很强的驾驭能力，在两种文体之间的自由地转换也显得游刃有余。不同文体的创作经历对他来说不仅不是负担，反而是一种创作上的提升和收获，不但拓宽了他的艺术眼界，还增强了他的艺术表现力和创作力。李尚圭的散文在创作手法上借鉴了诗歌创作的诸多经验，而其诗歌也吸取了散文表达的些许精髓，这使得他的诗歌富有散文的特征，散文也蕴含着诗歌的美感，真正达到了“诗文合一”的境界。而在接下来的行文中，笔者想要着重阐释的，就是李尚圭散文的诗歌化倾向及其背后所蕴含的美学特征。

第二节　寓理于诗——意象的选取与建构

李尚圭散文诗化倾向的表现与特征之一，就是意象的精心营造和象征的广泛运用，这也是所谓“比兴之法”的真谛所在。“文家之能事，端在知比兴及取象也”②，比兴作为中国诗歌的传统表现手法，最早出现于《诗经》之中。“赋比兴”源于解释《诗经》创作的

① ［韩］李尚圭著，梁钊译：《李尚圭诗选》，河北大学出版社，2012年，第153页。
② 钱志熙，刘青海：《李白诗选》，商务印书馆，2016年，第173页。

三种表现手法，与“风雅颂”并称为“诗六艺”。《诗集传》中对“赋比兴”的概念有过较为明确的解释：“赋者，敷陈其事而直言者也。比者，以彼物比此物也。兴者，先言他物，以引起所咏之辞也。”① 分别来说，“赋”是陈述铺叙的意思，就是较为直接地把想要表达的内容与情感表现出来，这也是最基础的技巧；而“比”与“兴”则更强调表达的含蓄性。“比”是类比，是借用其他物象来与要表达的对象或内容做比较，“类比是由两个对象的某些相同或相似的性质，推断它们在其他性质上也有可能相同或相似的一种推理形式”②。所以不同于“比喻”，“类比”中“比”与“被比”的事物之间的联系更加紧密，通过类比也更能产生强烈生动的效果和作用；“兴”就是起兴，按照朱熹的解释，“先言他物以引起所咏之辞”，也就是因外界某一事物的触发进而产生联想，从描写其他事物引入到所要表达的内容。总的来说，相对于“赋”，“比兴”两法的运用，对于丰富和深化中国诗歌创作的审美意象和艺术思维贡献更大，这也成为“中国诗论中的重要审美范畴。”③

“中华民族是一个讲求含蓄委婉的民族，对情、对事大致如此，诗歌是人类心路的艺术展示，当然也概莫能外。”④ 所以不论是《诗经》中的“赋比兴”还是《楚辞》中的“香草美人”，这两种创作方法的运用都共同体现出诗美的主要特征，即含蓄之美。诗歌创作中最忌讳的就是直接而暴露的表达，含蓄且内敛地传递情感才是诗人所追求的境界。“诗与传统的小说、戏剧不同之处是诗的突出的含

① 褚斌杰：《古典新论》，湖南人民出版社，2004 年，第 113 页。
② 文章：《受益一生的北大国学课》，汕头大学出版社，2016 年，第 18 页。
③ 张宪军，赵毅：《简明中外文论辞典》，汕头巴蜀书社，2015 年，第 44 页。
④ 黄志浩，陈平：《诗歌审美论》，凤凰出版社，2012 年，第 133 页。

蓄。这种含蓄常常使它有着不同于上述文学品种的内部结构”；① “诗的特殊内在结构正是为这种只有诗才能有的暗示和启发的效果而服务的”②，诗歌所具有的这种不同于其他文体的独特性，离不开比兴手法的运用；而怎样“以诗为文”，让散文同样具有诗歌的美感，自然也离不开吸取“诗重比兴”的艺术手法，使本来习惯于“正言直叙”的散文，更加着力于运用“以物相比”“托物言志”的描述方式，从而使之更具形象性和生动性，增强说服力和感染力。诗人们往往通过比兴手法来表现含蓄情意，李尚圭也是如此。阅读他的散文，从他的文字中你很少能见到那种简单直白，且不加修饰的“正言直叙”，语言的内敛与表达的含蓄使他的散文显得很像诗歌，既精致玲珑，又意蕴无穷，在给予读者以美的情思与美的享受之时，也通过暗示、启发，向读者展现一个有深刻意义的境界。深谙中国古典诗歌的李尚圭自然对诗歌中的比兴手法了然于胸并能娴熟运用在散文之中。

“比兴必须借助意象，所以善用比兴必然要精心取象。”③ “意象”是诗歌中的重要概念，刘勰甚至认为意象是诗歌的最高目的，是诗歌成败的关键所在。但意象绝非诗歌所专有，在散文中运用意象也使得李尚圭的散文更具有诗意之美。在《素井漫谈》这本散文集中，李尚圭所选取的意象种类丰富、生动鲜明，既有诸如像京畿道高阳郡里的“奶奶家”、冬日的五台山和寂灭宫、二道岗村这样的

---

① 郑敏：《文化·语言·诗学——郑敏文论选》，福建人民出版社，2017年，第32页。

② 郑敏：《文化·语言·诗学——郑敏文论选》，福建人民出版社，2017年，第33页。

③ 杨景龙：《试论“以诗为文”》，《文学评论》2010年第4期。

风景性意象；又有像虔诚拜佛的白衣女子、默默劳动的清洁工人等人物意象；而动物意象也是他散文中个性独具的意象类型，昭阳湖畔悠闲从容的白鹭、聪明的喜鹊、生命脆弱不堪的山蜘蛛与淡水虾、狡猾卑鄙的肥鲤鱼，以及被收养在家却一直未能磨灭一颗出逃之心的流浪猫，都寄托了他深厚的寓意；而像故乡的金达莱花、绽放的雪花、长白山的野花等这样的自然景物同样也是他精心选取的意象。以上这些意象大都寓意饱满、蕴含深厚、情味隽永，成为显示李尚圭散文艺术风貌的标志性代码。

热衷于旅行的李尚圭自然不会放过在散文中放置他的“风景性意象”的机会，而他在沿途之中所遇见的人与物也分别作为“人物意象”和“自然景物意象”一同融入了他的散文之中，这些意象共同承载了他的主体情思，浓缩了他的个人体悟。这其中既有他对理想人格的赞美与讴歌，也有其对难以企及的自由生活的憧憬与向往，当然，更少不了他对于生活的感悟和对生命的哲思。

冬日造访五台山与寂灭宫时，与寂灭宫寺庙里虔诚拜佛的白衣女子的不期而遇仿佛是一场美丽的意外：“身着白衣的年轻女子宛若雪花一样在那里沉思。她的双颊变得红扑扑的，不知道灌入了多少寒风。”① 李尚圭将白衣女子比作雪花，是对其纯洁人格的一种赞美。承载理想人格的意象不仅局限于人，动物也是常见的载体，白鹭便是如此。不论是在韩国还是中国，白鹭都是作为一种美好的意象而存在。自古文人墨客为其讴歌的诗作不在少数，李尚圭独辟蹊径，在白鹭身上寄托了不一样的情感，即善于等待。他对于白鹭从

① ［韩］李尚圭著，王倩倩，梁钊译：《素井漫谈》，河北大学出版社，2014 年，第 20 页。

容沉稳的生活态度和精神气质尤为推崇："白鹭长长的脖子在古文中被人们用来表达等待。懂得等待的白鹭，不疾不徐的身姿，诠释了古代文人的气质。"①

所以他对于寂灭宫寺庙中那位白衣女子长时间跪拜不起表示出了由衷的惊叹，这不妨看作是他对于女子懂得等待的一种钦佩。李尚圭对"等待"尤为推崇，甚至把它上升到了美学的高度："等待是人类的权利、义务，也是人类的幸福"，"在等待中成熟，在等待中萌发浓浓的爱情，在等待中创造人生之韵味"，也只有"懂得原谅，懂得忍耐的等待才能给人类带来真正的生活"②。他常常将理想的人物、动物形象置于优美的自然景色之中，以此形成一层诗意的氛围，既表现出他们高尚的情操，也以此作为反思自身缺陷的一面镜子："我却未能像雪花一样洁白无瑕"，这何尝不是一种知识分子的真诚自省呢。

不论是虔诚拜佛的白衣女子，还是漫步于邵阳湖畔的悠闲白鹭，都是李尚圭用来推崇理想人格、表现"等待美学"所精心塑造的意象，另外，白色的反复出现也从一个侧面说明李尚圭对于白色的特殊喜爱。白色作为一种意象经常出现于他的笔端，作为一种理想与情感的寄托而存在。在他看来，"白色是纯粹的象征，是洁白的象征，富含韵味却不炫目，高尚却不孤傲"③。这恐怕也是四季皆有美

---

① ［韩］李尚圭著，王倩倩，梁钊译：《素井漫谈》，河北大学出版社，2014年，第26页。

② ［韩］李尚圭著，王倩倩，梁钊译：《素井漫谈》，河北大学出版社，2014年，第42页。

③ ［韩］李尚圭著，王倩倩，梁钊译：《素井漫谈》，河北大学出版社，2014年，第26页。

景而他独爱冬日的原因所在吧。他热衷于雪景，仿佛置身于茫无边际的冰天雪地之中就达到了“物我两忘”的境地，“皑皑白雪面前，大自然、毗卢峰、你和我、寂灭宫、年轻的女子和太太都变成了雪花”①。

他钟情于冬日的雪花——这个他“心中沉睡的花”，为此还特意写下一篇《干涸心田中绽放的雪花》来赞美之。在李尚圭的散文中，“雪花”这一意象实际上是他内心孤独体验的外化。作者的这份孤独，既来源于逼仄城市空间的挤压，也有周围人对于自己诸多行为的不理解。所以，当他怀着这样的心态去审视雪花，竟然发现他与雪花有如此巧妙的共通之处。作者孤独的心境遭遇了雪花，便赋予了它同样孤独却又顽强的性格，“风越来越猛，气温越来越低，雪花绽放地越发绚丽”。环境越艰难，便绽放地越绚丽多姿，这难道不是身处逆境却又坚忍不拔、顽强坚持的作者本人吗？“在干涸心灵的枝头上，不是我，而是你，践踏着我的胸膛，绽放着你的花朵”②，这既是一种赞美，又何尝不是一种自勉和鼓励呢？李尚圭对于雪花寄予了深刻的情感，而当这种内心强烈的情感无法通过散文的方式叙述出来，诗歌就成了安置他这种情感的最佳场所，于是在文章的结尾他特意写下了《雪花》一诗：

阴冷天空中漂浮着的

孤独的灵魂

① ［韩］李尚圭著，王倩倩，梁钊译：《素井漫谈》，河北大学出版社，2014年，第20页。

② ［韩］李尚圭著，王倩倩，梁钊译：《素井漫谈》，河北大学出版社，2014年，第32页。

轻轻环绕着山腰
绽放出喜悦的花朵
越过丘陵的丘陵
开满烟花的花蕾
绽放出朵朵雪花

这首诗出现在李尚圭的散文结尾之处，是他情感聚集到一定程度，而必须喷薄而出的一个顺理成章的必然结果。古语云，“不学诗，无以言”，当李尚圭无法用散文语言表达他的感情时，诗歌拯救了他的“失语症”，让他能够纪录下这一难忘的情景，也使得这篇文章达到了“诗文合一”的绝佳境界。

在传统文学理论的界定中，“意象”经常被视为诠释诗歌才有的专业术语，所以散文中的意象就经常为人所忽略，实际上，散文中意象的营造建构正是其诗意生成的条件之一，有学者说“意象论”就是“散文的诗学”①，说的就是这个意思。正是在恰切的意象被作者营造出来之后，散文的象征气息才会变得浓厚起来。如果说“诗词从它产生开始就已经走上了意象营造的正确之路，由意象而产生象征，由象征来感悟全诗的意义，从而完成诗词创作的过程”②，那么“散文的诗化”同样遵循的是这样的过程。李尚圭在他的散文创作中倾向于将情感体验的触角伸向感觉中的事物，在手法上善用修辞来强调并渲染意象，进而由意象流动汇成情境与意境，在风格上注重写意与象征，这使得他的散文哲理与诗意并存，生命意识与生

① 郑明娳：《现代散文理论垫脚石》，广东人民出版社，2016年，第47页。
② 王铁麟：《诗词读写笔记》，上海人民美术出版社，2015年，第241页。

存感觉相契，时刻散发着迷人的气息。

第三节 为文增色——联想与想象的调动

李尚圭散文的诗歌化倾向，还表现在其文章所蕴含着的丰富想象和联想。他的想象力极其丰富，天地万物均可以勾起他的想象，不论是冬日的雪花，还是长白山的野花，不论是收养的流浪猫，还是一只毫不起眼的淡水虾，他都能从中联想到生命的哲思；平凡生活中的小事也足以使他浮想联翩，甚至是奇思异想，他从喜鹊筑巢联想到人类建筑的偷工减料，从钓鱼时因底座不稳而落水联想到做人做事要考虑周全，从一句城市的宣传口号联想到民族历史被遗忘的严重后果……这些联想与想象的运用产生了意想不到的艺术效果。

对于作家来说，想象力的重要性自然不言而喻，甚至有人称其为作家的生命力，直接关系到作家的成长与发展。黑格尔有言“最杰出的艺术本领就是想象”①，高尔基对此也深有同感：“艺术是靠想象而存在的。”可以说，没有想象，作家的审美活动就无法进行下去。而在众多文体中，想象力之于诗歌的重要性更是被人反复提及。恩格斯曾强调写诗不能只依靠智力和技巧，还需要有大胆的想象才行；英国诗人雪莱也把诗歌当作“想象的表现”；也就是说，“诗人要表达强烈的思想感情，概括深厚的内容并取得感人的艺术效果，

---

① ［德］黑格尔著，朱光潜译：《美学（第一卷）》，商务印书馆，1979年，第357页。

没有丰富奇丽的想象是不行的"①。

但就如同意象不只是诗歌的专属，同样的，想象力也并非诗歌的"专利"。设若只有诗人有想象力，那么小说家和戏剧家恐怕就要失业了，因为虚构和想象同样也是他们赖以为生的本领。现实情况是，对于小说和戏剧的虚构特征人们似乎可以接受，但一涉及散文，更多的人还是觉得想象和虚构与这种文体毫不搭边。甚至很多研究都会产生"散文就是纪实，就是抒发作者真情实感的文章"这种先入为主的认知。而人们之所以会有这种认知，和西方文化的影响不无关系。

西方文学理论将文体分为小说、诗歌、散文和戏剧四个类别，实际上相对于中国传统的"散文"概念，这种划分使得散文的概念从广义变得狭义了。在中国古典文学的范畴中，散文是与韵文、骈文相对的。凡不押韵、不重排偶的散体文章（包括经传史书）统称为"散文"。散文更像是一种形式，而非内容。而且散文在古人那里尽可以虚构，作者也可以在散文中充分地发挥自己的想象力，如《庄子》为散文，其中就充满了大量恢诡谲怪的想象；柳宗元的《黔之驴》等也是寓言故事。相反，小说按照纪昀《四库全书总目提要》归在子部下，分为琐语、杂事和异闻，大致相当于文言小说中的志人和志怪，而偏于虚构的传奇和明清白话小说却被排除在外，说明在古人心目中小说还是以纪实为主，而非西方小说中的"虚构"。

而到了五四时期，关于"散文是什么"这个散文文体理论建设的基本问题，新文学的倡导者们实际上没有很好地做出回答。在现

① 褚国荣：《格律诗词浅说》，河北大学出版社，2016年，第164页。

代中国，“散文”概念首先出现于刘半农1917年5月发表的《我之文学改良观》。刘半农把“散文”看作是与“韵文”相对的小说杂文等不押韵的文学作品的总称，这实际上与现代意义上的散文概念相去甚远，却和古代的定义十分相近。而包括周作人在内的诸多散文大家也都没有对散文做出一个明确圆满的定义。也正是由于散文的文体形态不是用一个定义所能框定的，它的无特征性使得我们可以把“自由”看作是它的特征。

散文这种自由的特征使得五四时期的作家们喜欢用这种文体来抒发情感，“五四新文学作者很看重直觉与灵感，冲动与想象，甚至把这些等同于创作的随心所欲。而最宜于随心所欲的文体当然是散文”①。因为随意所欲，所以作者一般不会按照“散文应该是什么样子”去构思与规划，而是以自己的感情为线索去信笔由缰。也正是因为其自由的特性，散文虽然在五四时期处于边缘地位，但它与其他文体可以相融相依，“它从各个方向环拱着占据中心部位的小说、诗歌、戏剧，在衔接交错处形成了许多相互渗透、相互重合的交叉地带”②。

如果把诗歌和散文相比较，诗歌更加注重思维的跳跃性和想象力，而散文更注重条理性和逻辑性；诗歌更注重写意与虚构，散文更注重写实与纪录。但也正是由于散文具备前文所提及的自由的特征，以及与其他文体“相融相依”的功能，使得“以诗为文”成为可能，而“以诗为文”的目的之一就是为了将诗歌的跳跃性和想象

---

① 刘纳：《嬗变——辛亥革命时期至五四时期的中国文学》，中国社会科学出版社，1998年，第397页。

② 刘纳：《嬗变——辛亥革命时期至五四时期的中国文学》，中国社会科学出版社，1998年，第396页。

力融入散文之中，使散文获得和诗歌一样的灵动和自由。

李尚圭散文充沛的想象力突出地表现在他的动物叙事中，他对于动物有着深厚的感情，被收留的流浪猫、路边树枝上的喜鹊、公司院子里的山蜘蛛、被打捞上岸的鲤鱼与淡水虾……均可以作为他描写的对象出现在散文当中。动物在古代的寓言故事中占有重要的地位和比重，人们通过将动物拟人化、人格化来更加生动、形象地表达观点和思想，反映出古代寓言编写者极强的想象能力。李尚圭也深谙此道，他会通过叙述视角的巧妙转换，以动物的视角来解释它们自身行为的动机，为它们赋予人类的情感和性格，使文章充满寓言的气质。

在众多动物中，李尚圭对猫甚为喜爱，并为其倾尽了大量的笔墨，《妻子与黑虎》《贼猫与销赃人》《飞蛾出逃》均是他为猫而创作的作品。通览这些文字不难发现一个现象，即他所收养的流浪猫并不安于被收留的现状，总是想要设法从家中逃走，“流浪猫出逃”也成了他散文中常见的情节模式。当然这一情节设计的灵感肯定来源于现实生活，但同样不可否认的是，作者在这里也加入了虚构与想象的元素。当他对猫的出逃行为百思不得其解之时，便会把自己想象成猫，来尝试对出逃的行为做出阐释：“自己没犯罪，也没什么理由就被剥夺了自由。”① 李尚圭站在流浪猫的立场上来反观人类的收养行为，便收获了一份不同于以往的全新认知：“出逃”在人类看来是背叛与不忠，但在动物那里却是对于自由的追求与向往。对于流浪猫出逃的行为，李尚圭的态度经历了从困惑、不解到同情、理解

---

① ［韩］李尚圭著，王倩倩，梁钊译：《素井漫谈》，河北大学出版社，2014 年，第 67 页。

的转变，而对于人类自以为是的态度和傲慢自大的作风，他给予了讽刺与批判。

需要说明的是，动物在李尚圭那里并非都是积极正面的形象，卑劣、狡猾、丑陋者亦大量有之。在《祈求活命的鲤鱼与虾》中他就塑造了一只看似可怜实则狡猾的鲤鱼形象。被捕获的鲤鱼在篮子中发出的怪叫声激发了作者的想象，他把这种叫声理解为鲤鱼为了活命的哀求与辩解："是的，一分钱也没吃。我只是看到那些没有物主的东西，到处都是，就随口咬了一下。"① 如此漏洞百出的诡辩却一时蒙蔽了作者，让他做出了放生的举动，但事后他却后悔不已。显而易见的是，以上这些统统都是李尚圭的想象，但它所触及的现实却是无比的真实。鲤鱼为了获取同情而进行诡辩的行径，如同失职的公职人员在向公众进行敷衍的道歉，但却并没有从内心真正反省与忏悔自己的过错；而鲤鱼肥大的身躯也让作者联想到现实中损公肥私、中饱私囊的政界人员，正是他们"为了轻而易举地获取食物""不顾形象"地"狼吞虎咽"公共资源，才使得社会的贫富差距进一步拉大，但底层的民众却只能像"柔弱的小虾"一样生活在水深火热之中。

想象力的汪洋肆意并非是李尚圭散文诗歌化的全部表现，纵横驰骋的联想能力也为他散文的诗化效果增色不少。想象和联想的关系十分密切，本质上联想统属于想象之内，如果说想象是在原有感性基础上创造出新的形象的过程，那么联想就是由一件事物想到另一件事物的心理过程，这不仅需要创作者具有极强的跳跃性思维，

① ［韩］李尚圭著，王倩倩，梁钊译：《素井漫谈》，河北大学出版社，2014 年，第 110 页。

而且还对其观察、分析生活的能力提出了极高的要求。诚如有学者所言，诗的本质是想象力，而所谓的想象力“并不一定借用明喻、暗喻、象征等才能得到表现，而是一种内在的、使读者能穿过诗看见另外一片境界并得到另外一种意义的能力”①。这种所谓的“看见另一片境界”“得到另外一种意义”的能力就是诗人的联想能力，作为诗人的李尚圭不仅善于在诗歌中运用联想，还将这一方法诉诸散文创作当中。作家作为感知力敏感于常人的群体，理应能够调动联想的能力，从生活的细微之处洞察到常人看不到的风景，抵达常人无法企及的哲学高度。

无论是面对朴素的自然还是平凡的生活，李尚圭都怀有一颗善于联想的心和一双善于观察的眼睛。他热爱自然，并善于将大自然的美景装点上生命的色彩，联想新奇，充满哲理。虽然春夏秋三季的风景颇有韵味，但在冬日爬山却另有一番滋味：“攀爬荒凉的苍山，战胜狂风，站在山峰之巅的感觉就像拥有了全世界，令人感慨万千。”由此作者联想到人生也如冬日爬山一样，只有历尽千辛万苦取得的成功才是富有含金量的，“廉价的成功怎能同浸满汗水的人生相提并论。冬日的山峰苍凉无情，而冬日的山路却像生活中传来的捷报，同时诠释着苦尽甘来这一成语”②。

面对自然喜欢展开联想的李尚圭，也将这种联想的习惯延续到了平凡的生活中去。《底座的叛乱》《疏枝与嫁接》《贼猫与销赃人》《山蜘蛛之死》等这些富有生活气息的文章中都蕴含着他丰富的联

① 吴兴华：《沙的建筑者：文集》，广西师范大学出版社，2017年，第62页。

② ［韩］李尚圭著，王倩倩，梁钊译：《素井漫谈》，河北大学出版社，2014年，第18页。

想。比如在《底座的叛乱》中，李尚圭通过自己在钓鱼时因底座没有调整好而掉入水中的尴尬经历，联想到钓鱼和工作有相似的一面。他强调如果在工作前“还未考虑周全，便匆忙打造出一个个不稳定的座位来”，“祸事自然会找上门来”，并进而联想到目前韩国整个国家都“坐卧不安”皆与底座不稳有关。对现实极为关注的李尚圭经常在对日常生活进行梳理的过程中，笔触不经意间就滑向了对现实的批判。《疏枝与嫁接》也是如此，李尚圭从务农时疏枝与嫁接的经验中联想到做人做事不仅需要血性和激情，更需要的是成熟和老练。而当今韩国政界为了急于获取新东西就把旧的东西抛弃掉，这种“鼠目寸光”的行为无疑是没有掌握“疏枝与嫁接”的精髓。

清代刘熙载在《艺概》中说：“文之神秘，莫过于能飞”，“无端而来，无端而去。”① “散文要想飞腾起来，必须借助想象和联想。”② 李尚圭在散文中通过丰富的想象力将动物不为人知的内心世界呈现给读者，也以此为镜，折射出了人类身上的诸多劣根性；无论是面对朴素的自然还是平凡的生活，李尚圭总能在“阅读”风景的过程中借助想象和联想，由此及彼、由浅入深、由实而虚的将所感所想记录下来，使他的散文也如诗歌一般，富有跳跃性和想象力，显得空灵微妙，灵动自由。

① 李建中：《中国文学批评史》，武汉大学出版社，2015年，第259页。
② 许兆真，袁士迎：《散文艺术创作论》，西北大学出版社，2002年，第93页。

第四节　动静结合——意境的渲染与营造

意境是传统诗学的基本概念与理论术语，也是中国古典诗歌最高层级的美感范畴。作为一个诗论术语，它最早出现于唐代王昌龄所著的《诗格》中，他认为“诗有三境”，分别为“物境”“情境”和“意境”。只不过意境在这里更偏重于“意”，而非“意”与“境”之间的关系；中唐以后，学人对于“意境”的阐释开始往强调“意”“境”间的契合关系的方向发展，比如司空图对意境进行了较为全面的总结和阐发，他提出的“思与境偕”指的就是诗人的主观之“意”与自然之“境”的某种契合，这也标志中国美学中的意境论趋向成熟；近代的王国维可以说是古代意境说的集大成者，他对“意境”进行了更为系统的阐释，他在《人间词话》中首次提出“境界说”，将“意”与“境”一元化为一种“情景合一”的艺术境界，“意境”在他那里被定义为一种情境浑然一体的美学意蕴。关于“意境”的概念有很多，试图为其做一个全面、系统、精准的定义并非易事，但总的来说，“意”是指诗人的主观意志，而“境”则指代自然景物，而“意境”是指抒情性诗作中呈现出的那种情景交融、虚实相生、活跃着生命律动的韵味无穷的诗意空间。

通常来说，一般人都会认为意境只是诗歌所特有的专利，至于散文中的意境，“充其量也只是一种附属物或点缀”①。但这种观点显然值得商榷，因为像上文所说的“物境”“情境”“意境”以及王国维在《人间词话》中所总结的“有我之境”“无我之境”等境界类别，在散文创作之中也几乎随处可见。也就是说，散文同样可以像诗歌一样成为“创造意境”的文学载体。将意境运用于散文创作，对于丰富散文的艺术表现力，提高散文的美感和质感，都是不无裨益的，可以这样说，“意境本身就是一种诗性的呈现，或者说是诗性散文的题中之意”②。而散文追求意境，也是散文诗化的一个必然结果。在李尚圭的诗歌中，我们不难见到优美抒情的意境营造，在他的散文中，更不乏极富诗情的意境渲染。李尚圭散文中意境的抒情风格，是一种作家发自内心深处的对美好生活的向往以及对于理想人格的赞美的诗性传达。

李尚圭散文中的意境大致有以下几种：一种是自然之意境，即作者主观之“情”与他所浏览的自然之“景”相结合而生成的意境；另一种是作者主观之“情”与他所经历的日常生活之“景”融合而成的“生活之意境”。不论是何种意境，都是李尚圭作为诗性主体在生活的诗性感悟基础上所形成的，无不体现着诗性之美的光辉。更多的时候，他笔下的自然与生活这两种意境处于交融一体的状态，李尚圭的主体情思与他目光所及的自然景观、人文景观三者水乳交融，浑然一体，构成了一幅精妙绝伦的诗化之境。

在众多景观中，故乡成了李尚圭一个绕不开的存在，故乡承载

① 陈剑晖：《诗性想象：百年散文理论体系与文化话语建构》，广州人民出版社，2014 年，第 209 页。

② 陈剑晖：《诗性想象：百年散文理论体系与文化话语建构》，广东人民出版社，2014 年，第 209 页。

了他童年太多美好的回忆，也是他成年后躲避城市喧嚣，寻求内心安宁的栖息之所。“故乡本是具体的概念，进入诗人的笔下，往往抒发的是思念故乡之情，把这种情感化为具象，构造一个意境，这就要靠诗人的艺术匠心。”① 富有诗人气质的李尚圭在散文书写中，经常把返乡途中的所遇之人、所见之景诉诸笔端，并和自己的思乡之情融为一体，营造出极具诗意的境界。

比如在《我们的传统是珍贵的》一文中，李尚圭一开篇就为我们描述了一幅“已消失了很久”，“如今却只停留在人们想象中”的韩国典型的农村景象：“以前在任何一处农村都能看到大大小小的草屋，凸显在山谷溪流之间，在原野尽头的山脚下，就像妙龄少女突起的胸部一样。从远处看，一派安详和平的景色。夏天，徐徐下落的夕阳下，炊烟袅袅升起，就像风筝拖着的长尾巴。农夫驱赶着牛，匆匆地往村子里赶。傍晚的风景，美丽如画。”②

草屋作为乡村文明的象征，承载了作者的深厚情感，其坐落于山谷溪流之间的模样仿佛“妙龄少女突起的胸部”，比喻恰切又生动；徐徐下落的夕阳与袅袅升起的炊烟组合成了一只拖着长尾巴的风筝，这恐怕也是作者儿时在乡间放风筝的记忆重现。这些都无不彰显出作者丰富的想象与联想；李尚圭仿佛摄影师一般，站在高处架起了一台高倍摄影机来俯拍乡间的景色，在他的镜头之下，故乡呈现出一种宁静、祥和又不乏浓浓诗意的氛围与意境。

但正如李尚圭所言，此情此景也只能“停留在人们想象中”，如

① 方铭：《中国现代文学经典评析现代诗歌》，合肥工业大学出版社，2015年，第89页。

② ［韩］李尚圭著，王倩倩，梁钊译：《素井漫谈》，河北大学出版社，2014年，第115页。

今即使回到故乡，也难觅其踪影。在《寻觅的故乡》中，回乡参加同学聚会的李尚圭在途中被沿途的景色所吸引，以至于周围的一切仿佛也有了灵性似的，与作者分享着这一喜悦的心情："故乡的风，原本在草中沉睡，这会儿也舞动起绚丽的裙角，欢迎着我的到来，溪水也在毫无保留地尽情唱歌。"① 在作者喜悦心境的观照下，故乡的"风"和"溪水"仿佛也都有了人的情感，用舞蹈和歌声欢迎着作者的归乡。文章寓情于景，以景言情，在呈现乡村牧歌风情的同时，也烘托出主人公即将回到熟悉家乡的愉悦心情。

但当李尚圭真的回到乡村，温馨、和谐的意境马上便随着现实乡村破败景象的呈现而消失，取而代之的是冰冷的机械化设备以及外国人陌生的面孔。乡间的道路"在现代文明的利爪下铺上了水泥"，"路灯睁着像魔鬼一样的眼睛，嘲弄着我"②。诸如电灯、拖拉机等现代文明的产物作为意象，营造出了一种不同于农业文明的疏离感和陌生感，这让作者感觉"后脖像被敷上了冷冷的冰袋"，"感到脊背一阵阵发凉"③。

学者陈剑晖认为，散文的意境创造，"除了要真实与真诚，要有生命的灌注外"，还需要注意一点，即"散文意境要有灵趣"④。"灵趣"既是一种审美范畴，又是人心的自然要求，也是一种自然自在、

---

① ［韩］李尚圭著，王倩倩，梁钊译：《素井漫谈》，河北大学出版社，2014年，第50页。

② ［韩］李尚圭著，王倩倩，梁钊译：《素井漫谈》，河北大学出版社，2014年，第51页。

③ ［韩］李尚圭著，王倩倩，梁钊译：《素井漫谈》，河北大学出版社，2014年，第51—52页。

④ 陈剑晖：《诗性想象：百年散文理论体系与文化话语建构》，广东人民出版社，2014年，第218页。

无拘无束的心境。只有以这种不受束缚的心境去品物观景，才能够体悟到生活的情趣与生命的诗意。一个事实是，儿童之所以比成人更能感受到世界的千姿百态，其实很大程度上就源于他们想象力的丰富和观察视角的独特。散文意境的生成离不开灵趣的注入，而灵趣的获得则需要作家时刻以一颗童心去观察世界，理解生活。《寻觅的故乡》中就有富于童心灵趣的描写："曾经的故乡，萤火虫在中秋深夜捉迷藏；葫芦花比草屋顶上的满月还要洁白；青鳉鱼群在村子前的小溪里嬉戏；红蜻蜓，在秋日晴空下飞舞。"①

这便是一幅在孩童视角下才能呈现出的画面：萤火虫、青鳉鱼、红蜻蜓这些动物在作者眼中竟变成孩子一般的模样，它们愉快的行为也映衬出作者回乡的喜悦。如此天真烂漫的童心，如此富有生活情趣的画面，伴随着缱绻深长的怀乡之情，以及飘逸灵动的想象，别具韵味的故乡风情景物，自然就构成了一个趣味盎然的意境。

散文和诗，通过意境成为血缘相近的姐妹，"意境"也成了沟通诗与散文两种文体交流与互动的重要桥梁。具体到李尚圭的诗化散文，尽管他不会经常在散文之中直接加入诗词，但我们却能从他的散文中感受到诗性的美感和意味的悠长。很显然，李尚圭并不仅仅拘泥于对诗词的直接套用，他更希望能够把诗歌的意境和韵味融化在自己散文的叙述语言之中，不留痕迹，浑然天成。实际上，通过阅读李尚圭的散文，我们可以确信的是，他的确做到了这一点。在他的散文中既有静态的自然景色作为背景，又不乏动态的人物、动物点缀其中，动静结合，声色具备，呈现出一幅幅诗意盎然的图景，

---

① ［韩］李尚圭著，王倩倩，梁钊译：《素井漫谈》，河北大学出版社，2014年，第51页。

使人读罢脑海中仍不时浮现出王维、陶渊明等人“诗中有画，画中有诗”的名篇，可以说，李尚圭语言的诗性与意境在他的散文中体现得淋漓尽致，给人一种富有诗意的美感。

“散文的诗化的程度，折射出的是作家以诗的眼睛观察世界的能力，以诗的心灵感悟世界的能力，以诗的语言重构世界的能力。”[①]热衷于诗歌创作的李尚圭在创作散文时也有意无意地将诗歌的比兴、取象、联想、造境等方法融入其中，使他的散文随笔呈现出诗的美感与意境。李尚圭精心取象，善用比兴，使文章充满象征色彩，哲理与诗意并存；想象与联想的充分调动也让他的散文如诗歌一般空灵微妙，灵动自由；在他的散文中，更是不乏极富诗情的意境渲染，既有静态的自然景色作为背景，又不乏动态的人物、动物点缀其中，动静结合，声色具备，呈现出一幅幅诗意盎然的图景。此外在语言方面，他按照写诗的要求来吟哦和推敲字句，使他散文的文字呈现出一种清新、洗练又充满诗意的感觉。李尚圭用诗的性灵和诗化的笔法书写诗意的人生，构筑出自成一派的诗化散文世界。

---

① 毛翰：《任蒙散文的诗化与文化》，《长江文艺评论》，2017 年，第 6 期。

第三章 李尚圭的文史互动体现

关于“什么是历史”，这个历史学中的根本问题，历来是众说纷纭，如同荷兰历史学家盖尔所说：“历史是一场永无休止的辩论。”而英国久负盛名的史学家E. H. 卡尔对于这个问题也给出了自己的答案，尽管这也是一家之言，但却颇具独到的见解，且富有极强的启发性。卡尔认为，“历史是历史学家与历史事实之间连续不断的、互为作用的过程，就是现在与过去之间永无休止的对话”①。卡尔把历史看作是现在与过去之间的对话，无非就是想表达这样一个观点，即历史与现实的关系密不可分，只有“掌握过去，理解过去”，方可获得一把理解现在的钥匙，“历史学家与历史事实之间的相互作用的进程——我曾经将之称为现在与过去之间的对话——不是一场抽象的、孤立的个人之间的对话，而是今日社会与昨日社会之间的对话。用布克哈特的话来说，历史是‘在另一个时代发现的一个时代的值得记录的东西’。我们只有根据现在，才能理解过去；我们也只有借助于过去，才能理解现在。使人能够理解过去的社会，使人能够增

---

① ［英］E. H. 卡尔著，陈恒译：《历史是什么?》，商务印书馆，2008年，第115页。

加把握当今社会的力量，便是历史的双重功能”①。

为什么要了解历史？简言之，就是要“古为今用”，让历史照进现实。“历史的智慧，也就是我们能够从历史中获得的教益。我们之所以要了解和研究历史，是因为历史不单给我们提供政治、经济、文化等方面的借鉴和知识，还能在其他各个方面为我们提供答案。历史可以提供的智慧是最全的。”② 人的一生毕竟短暂有限，怎样使一个人短暂的一生不致虚度和荒废，借鉴历史的智慧是极为重要的一个方面，“历史给各种各样的人都提供了无穷的知识、有益的经验和教训，而现实中就没有这么丰富的来源。因为在现实中，一个人所能接触到的范围毕竟很有限，而从历史上去看，见于记载的人物、事件、经验是如此丰富多彩，应有尽有”③。

尽管李尚圭不是一名历史学家，但是却有着史学家一般的眼光和气质，这体现在他经常在散文中反复强调了解历史、尊重历史以及反思历史的重要性和必要性。正是这种对于历史极为强调与重视的精神，使得他的作品，不论是诗歌还是散文，都显得深沉与厚重。大韩民国有着悠久的历史和传统，其中优秀的精华部分作为宝贵的历史财富是需要现代人去继承并发扬光大的，但现实中的韩国人似乎却将这些财富“拱手相让”了，甚至很多人对于一些基本史实全然不知，这种“历史虚无主义”的倾向让李尚圭感到担忧；另外他对韩国传统历史文化有着辩证的认识，没有一味地沉浸在里面，而

---

① ［英］E. H. 卡尔著，陈恒译：《历史是什么?》，商务印书馆，2008 年，第 146 页。

② 葛剑雄，周筱赟：《历史学是什么》，北京大学出版社，2002 年，第 171 页。

③ 葛剑雄，周筱赟：《历史学是什么》，北京大学出版社，2002 年，第 171 页。

是对其中的诸多负面成分进行了冷静的审视。他指出当下许多的社会问题，追根溯源都有着深远的历史原因；李尚圭希望更多地人可以了解历史，所以他在了解到中国延边地区有一批朝鲜族的文学史料亟待搜集与整理后，便义无反顾地投身于搜集、整理、保存、编写与出版朝鲜族文学史料的事业中去，用实际行动践行着自己的“分享哲学”。

第一节　对历史财富的捍卫和反思

韩国有着悠久的历史和传统，其中优秀的精华部分作为宝贵的历史财富是需要现代人去继承并发扬光大的，但现实中的韩国人似乎却将这些财富“拱手相让”了，比如“适时而定”这一韩国传统的处世之道在现实中已被抛弃，取而代之的是对财富不加节制地攫取；再比如韩国向来以“白衣民族”自居，但利欲熏心的现实环境似乎也玷污了这抹纯洁的白色……现代人并没有用传统的智慧去装点现实的人生，这无疑是令人遗憾的；另一方面，很多人对于韩国以及与韩国相关的一些基本史实全然不知，这种“历史虚无主义”的倾向也让李尚圭感到担忧。

“适时而定”作为韩国传统的处世之道，是古代维持家族繁荣的一个最可行的办法，也反映出传统的韩国人在儒家文化影响下对于金钱、财富、权力的一种认知和态度。这一处世之道的产生源于“庆州崔富者”的故事。韩国庆州崔氏家族共十二代传人，横跨了从

17世纪到20世纪中期足足300年的时间，在这300年间，他们不仅得到了上层社会的认可，也受到了平民阶层的尊重。众所周知古语有云“富不过三代”，但这一“定律”在崔氏家族身上仿佛失去了效力。他们之所以能够连续十几代保持富贵和繁荣，维持着相当富裕的生活，与其所传承的家训有很大关系，家训其中的两条充分体现了“适时而定”的精髓，即“只参加科举考试，进士以上考试绝不参加”以及“财产不能积攒到一万石以上”。这两点分别从权力和金钱两个维度划定了崔氏族人不可越过的底线，也对其行为规范做出了规训，即为人处世要节制适度，不可纵欲过度。不难看出，崔氏家族“适时而定”的处事原则有着很强的现实针对性与功利性：对于政治权力的敬而远之在某种程度上是在规避政治风险，避免卷入不必要的权力争斗；对于财富金钱的控制也是明智的选择，因为多出来的钱“就要拿出来用于社会公益事业，优待家中的奴婢”①，这也从另一方面缓和了与被统治的底层民众的关系，拉近了与他们之间的距离。总之，不论是在与上层还是底层相处时，“适时而定”的原则都是缓和关系的润滑剂。

当然，“适时而定”原则的意义并不仅仅在于维持崔氏家族的长治久安，作为一种生活方式它也影响到了普通的韩国民众，韩国人能够在条件艰苦的环境下创造出一个又一个举世瞩目的奇迹，和“适时而定”原则对他们的影响有很大关系。“适时而定”的核心理念在于富而不骄，适可而止，而这也符合李尚圭所提倡的勤劳节俭的处事原则。他认为勤劳节俭是韩国社会的传统美德，结合自身的

---

① 李红杰：《韩国国民素质考察报告》，广西人民出版，1999年，第15页。

需要对物质财富进行有限地占有应该是一个人品格的体现，强烈地占据不属于自己或自己驾驭不了的物质对人的品质是一种腐蚀。但随着物质生活的丰富与发展，部分焦急的韩国人唯恐在攫取利益的道路上慢别人半拍，于是“冒着接二连三的危险，踏上布满荆棘的艰难之路”[①] 去求官谋利几乎成为一种常态。最初崔氏家族对权力和财富所划定的底线似乎早就被人们抛到九霄云外，历史的优秀遗产在物欲横流的现实面前，似乎显得是那么的不堪一击；人们深陷“物质万能主义”的泥沼之中却浑然不知，完全没有察觉自己的灵魂已经受到了污染。

韩国向来以“白衣民族”自居，但不容乐观的现实环境似乎也玷污了这抹纯洁的白色。“与白色相适应的风土，那便是韩国。”[②]韩国是一个热爱白色的民族，韩国人喜欢穿着白色衣服，这是从远古时代传承下来的风俗习惯，他们在生活中普遍爱用白色，这也是他们被称作“白衣民族”的原因所在。据中国古代的《梁书·卷五十四》记载，当时韩国的祖先已经“男女皆衣纯白”[③]。尽管在历史的进程中，韩国的统治者们也曾禁止过人们穿着白色服装，但却因全国百姓的强烈反对而未能实现；在日本殖民统治时期，白色甚至成了朝鲜民族反抗外来侵略的象征。有传说称，为了破坏韩国人穿白衣的习惯，当时在集市入口的日本人经常向进进出出的人们的衣服上涂抹墨汁，以此来强迫人们回去将衣服染成黑色。由此还衍生

---

① ［韩］李尚圭著，王倩倩，梁钊译：《素井漫谈》，河北大学出版社，2014 年，第 118 页。

② ［日］金两基著，［日］金文学译：《当日本人遇上韩国人》，现代出版社，2014 年，第 60 页。

③ 李红杰：《韩国国民素质考察报告》，广西人民出版，1999 年，第 280 页。

出一首反抗日本侵略者的民谣："去一趟集市，衣服遭黑殃，衣服虽变黑，内心仍清白。"白色此时已经成为人格清白的象征与隐喻，这也影响到了日后韩国文人的创作倾向，他们经常会在文章中书写与白色有关的事物，来寄托自己对纯洁、美好境界的追求与向往。

如果将李尚圭的散文比作一幅风景画，那么这幅画的底色一定是淡雅的白色，有关白色的意象经常出现于他的笔端，作为一种理想与情感的寄托而存在。在他看来，"白色是纯粹的象征，是洁白的象征，富含韵味却不炫目，高尚却不孤傲"①。他热衷于雪景，因为置身于茫无边际的冰天雪地之中，一种与天地万物融为一体的感觉便油然而生，这种"物我两忘"的境界是身处都市所无法享受到的；他钟情于冬日的雪花——他"心中沉睡的花"，因为那是洁白无瑕的象征；甚至他在寺庙所遇见的虔诚拜佛的女子都是一袭白衣，"宛若雪花一样在那里沉思"，也如雪花一般神圣而纯洁。

古代韩国人对于白色的钟情也延伸到了对各种白色动物的喜爱上来，白鹭和仙鹤就是其中的代表，而它们也经常出现在李尚圭的散文之中。白鹭不论在中国还是韩国，都是代表着一种美好的意象。而李尚圭在《白鹭变乌鸦飞行之日》中又赋予了白鹭新的寓意，即"等待的美学"。他指出"白鹭长长的脖子在古文中被人们用来表达等待"②，而等待中的白鹭，其不疾不徐的身姿，正是对古代文人气质的完美诠释。有感于白鹭悠闲徜徉、安静平和的生活状态，他在羡慕的同时也反观人类，发现这种状态似乎在人类身上已难觅踪迹，

① ［韩］李尚圭著，王倩倩，梁钊译：《素井漫谈》，河北大学出版社，2014年，第26页。

② ［韩］李尚圭著，王倩倩，梁钊译：《素井漫谈》，河北大学出版社，2014年，第118页。

作者也只能靠欣赏白鹭来求得一丝心灵上的慰藉。

祖先从白鹭身上学会了等待，但现实中的韩国人却没能很好地学到“等待美学”的精髓，而是在急速发展的社会中养成了急躁的性格。韩国人为人处世性格的异常急躁在世界上也是出了名的，尽管有学者认为韩国人“自1953年以来取得的几乎所有的巨大成就似乎都与这种急躁有关”①，但同样不可否认的是，急躁的性格也给韩国社会带来了诸多负面的影响。因为急躁而不会去倾听他人的难处，也就不懂得原谅，人际关系也因此变得疏远；内心急于利益的获取，冷静的理智便让位于发热的情感，甚至就可以将信义弃之如履，利己主义的泛滥成灾与此不无关系。正如李尚圭所言：“单凭着血气方刚的劲儿往前冲，是无法让这个社会变成世外桃源的。同血性相比，目前更需要的是成熟和老练。”②

与对优秀历史遗产的抛弃一样，人们对历史的遗忘同样令李尚圭感到担忧。很多人对于韩国以及与韩国相关的一些基本史实全然不知，这不仅是个人的问题，更会影响到一个城市和国家的形象。《令人遗憾的“Hi Seoul”》一文就是李尚圭有感于这一现实所记录下的文字，他从首尔的城市口号“Hi Seoul”看出了症候，并通过搜集与查询大量史料后发现，这一口号中的“Hi”容易引起很多的歧义，并指出以此作为首尔的象征口号是不合时宜的。比如这不仅与日语中的“Hi”相似，还与纳粹德国时期人们对希特勒敬礼时所喊的“Hi Hitler”中的“Hi”的读音几乎如出一辙。日本作为曾经的

---

① 李红杰：《韩国国民素质考察报告》，广西人民出版，1999年，第234页。

② ［韩］李尚圭著，王倩倩，梁钊译：《素井漫谈》，河北大学出版社，2014年，第101页。

殖民者给韩国带来了深重的灾难和痛苦，可如今在首尔的城市口号中出现的日本元素，无异于又一次让人感受到那段悲惨的历史。此外日语中的“Hi”在日常生活中表示服从的意思，这是“日本人习惯于降低自己身份，以卑躬屈膝的服从来表达过度的谦卑”① 的表现，作为曾经被殖民过的国家，以这种象征着“服从”的语言作为城市的宣传口号，实在是令人感到匪夷所思。

作为韩国首都，首尔的城市口号竟然选用了与两个战败国所推崇的文字发音相似的词，这一荒诞现实之所以发生的根源，在于人们对于历史的遗忘。“时代在变，现在那段历史也逐渐被遗忘”②，在李尚圭看来，这种对历史的遗忘与背叛，其后果是让其他国家和民族所耻笑。尤其是对于曾经侵略过韩国的日本来说，“难道这不正是首尔市束手无策、卑躬屈膝的极致吗”?③

第二节　对圈子文化的追溯与辩证

当然，辩证地来看，韩国历史传统中也并非都是优秀的成分，李尚圭在他的诗作中已经触及了这一问题的实质，在《悲哀的遗产》

① ［韩］李尚圭著，王倩倩，梁钊译：《素井漫谈》，河北大学出版社，2014 年，第 95 页。

② ［韩］李尚圭著，王倩倩，梁钊译：《素井漫谈》，河北大学出版社，2014 年，第 96 页。

③ ［韩］李尚圭著，王倩倩，梁钊译：《素井漫谈》，河北大学出版社，2014 年，第 97 页。

和《蚊子》这两首诗中他就对传统文化中遗传下来的“劣根性”进行了反思。《悲哀的遗产》通过对两代人形象的塑造，批判了韩国自古遗留下来的自私传统。孩子对父亲“挥舞着自私的鞭子”，而孩子的孩子“亦然如此”，对老一辈挥舞着“自私之鞭”，并声称“这是祖上悲哀的遗产”①。而在《蚊子》一诗中，他借助蚊子这一意象，指出“强夺着别人的血液，只为填饱自己的空腹”的行为同样也是一种“遗传的劣根”②。

李尚圭在随笔散文创作中，对于韩国传统历史文化中的诸多负面成分也进行了冷静的审视，他指出当下许多的社会问题，追根溯源都有着深远的历史原因。他在《我们的传统是珍贵的?》一文中，对于韩国传统文化中的家族意识以及由此延伸出的亲缘文化、圈子文化表达了自己的看法。在他看来，在历史的演变过程中，这种独具韩国特色的亲缘文化与圈子文化的形成固然有其历史和社会背景，但在现实社会中它们却有偏离其本意的发展趋势，并逐渐演变成一种不良的社会风气。这种传统是否珍贵？李尚圭也把这个问题抛给了他的读者以及韩国的国民们。

韩国人家族意识的浓厚既有其本土的社会原因，当然也有外来文化的影响。李尚圭在文中主要揭示的是前一种原因。因为韩国以前是农业社会，农业是重要的生活手段。但由于其国土面积的70%为山地，这就导致农业用地非常有限，为了“通过务农来维持生计，那个时候大家自然会觉得农业用地异常宝贵，以耕地为中心，群聚

① ［韩］李尚圭著，梁钊译：《李尚圭诗选》，河北大学出版社，2012年，第113页。
② ［韩］李尚圭著，梁钊译：《李尚圭诗选》，河北大学出版社，2012年，第121页。

而居则成了再自然不过的现象”[1]。这也客观上促成了最初村落的形成。农业文明发展初期由于生产力低下急需劳动力，所以生育变得极为重要；再加上当时人们结婚早，“孩子也多得几乎无法确切估算”，这也使得“给孩子们成家、分家”成了必须要做的事情。这便形成了一种在李尚圭看来“不足为奇”的“文化景观”，即“整个村子由同姓的、本家的人构成”[2]，这也是家族意识最初能够产生的社会背景。

而家族意识的生成也离不开外来文化的熏陶，中国的儒家文化在此充当了重要的角色。“在历史的长河中，中国和朝鲜族之间相处的关系是其他国家不可比拟的，中国对朝鲜半岛在文化领域的影响是不可磨灭的”[3]，这其中就不得不提及来自儒家思想的影响。尽管中国的儒、道、佛三教都对韩国文化产生了一定的影响，但显然“儒家思想的影响占着最重要的地位”[4]。有一组数据统计似乎可以从侧面佐证这个问题。韩国盖洛夫调查研究所在 20 世纪 80 年代后期对韩国成年人进行了一组关于宗教信仰的民意测验，结果表明，18 岁以上的人中，有 91.7％的人基本上持儒家价值观；而在不信教的 47.3％的汉城人中，有 96.8％的人实际上是信奉儒家文化和儒家思想的；此外，全部佛教徒、90％的天主教徒以及 79.4％的基督教徒都承认，他们基本上都崇尚儒家的价值观。

---

① ［韩］李尚圭著，王倩倩，梁钊译：《素井漫谈》，河北大学出版社，2014 年，第 116 页。

② ［韩］李尚圭著，王倩倩，梁钊译：《素井漫谈》，河北大学出版社，2014 年，第 116 页。

③ 沈仪琳：《大韩民国—中国的近邻》，东方出版社，1994 年，第 190 页。

④ 沈仪琳：《大韩民国—中国的近邻》，东方出版社，1994 年，第 190 页。

由此看来，儒家价值观在韩国社会中几乎占有压倒性的优势。而在儒家文化的影响下，“韩国人的家族意识具有悠久的传统，社会影响广泛，几乎深入到家庭和社会生活的各个方面”①。儒家文化的细胞是家族，家庭在韩国人心目中的重要地位不言而喻。不同于西方社会中仅由父母儿女构成的小家庭，韩国的家庭范围更为广泛，是一种由有相同血缘的各个小家庭集合起来的“大家庭”模式。在韩国的家族家谱中，不仅包含家族中有史可查的所有前辈先人，甚至还包括未来五六代男性子孙的名字。由此可见，血缘关系成了维系这种家庭模式的关键所在，而对韩国人而言，最重要的亲属就是和他们有着直接血缘关系的、处在圈子核心位置的前辈。而随着圈子的向外扩散，关系的亲密程度也逐渐递减。

这便形成了以家族意识为核心的所谓“亲缘文化”“圈子文化”，即一种类似于费孝通在《乡土中国》中所提到的“差序格局”。“差序格局”旨在描述亲疏远近的人际格局，如同水面上泛开的涟晕一般，由自己延伸开去，一圈一圈，按离自己距离的远近来划分亲疏。中国乡土社会以宗法群体为本位，人与人之间的关系，是以亲属关系为主轴的网络关系，是一种差序格局。在差序格局下，每个人都以自己为中心结成网络。这就像把一块石头扔到湖水里，以这个石头（个人）为中心点，在四周形成一圈一圈的波纹，波纹的远近可以标示社会关系的亲疏。在韩国，人与人之间关系的亲疏远近同样也是以自身所处位置距圆心的距离来划分的。有的人距圆心很远但仍在这个圆圈范围内，有的人却已经遥远到出了这个圈子；出了圈

---

① 李红杰：《韩国国民素质考察报告》，广西人民出版，1999年，第46页。

子的人想要进入另一个圈子是极为困难的，而身处一个圈子的人也很难脱离这个圈子得到新的发展机会。有人说韩国是一个“圈子的国家”，无数个无形的圈子组成了韩国社会，这显然不是毫无来由的。

当然韩国的圈子文化绝不仅仅局限于家庭和家族范围内，尽管这是其中最为重要的一部分。除此以外，朋友与校友关系同样也是韩国人非常重要的圈内关系。对此学者宋擎擎有过较为详细的论述①。当然不论是家庭圈还是朋友圈，这些“圈子”在无形之中形成了一道屏障，阻碍了“圈外人”与“圈内人”的正常交往。对此李尚圭早就在历史的细微之处找到了依据，他指出在由同姓的、本家的人构成的村庄里，“间或有其他姓的人进来，想依靠大家，想和大家一起生活，不知要遭受多大的猜忌与歧视”②。作为闯入者的“异乡人”不可避免地受到本乡人的冷漠对待，“他乡生活”成为遗憾多恨生活的象征。在李尚圭看来，这是几代韩国人心中挥之不去的“心酸与悲伤”；而更令人遗憾的是，这种因“圈子文化”而造成的隔阂与冷漠竟然像民族之恨一样，“在灵魂上流下烙印，传给子孙后代”③，在以后的历史发展过程中，以不同的形式爆发出来。

“圈子文化”对现实的负面影响之一，便是加剧了不同利益团体间的“党派纷争”。李尚圭认为，正是因为以前农业用地面积狭小，再加上需要吃饭、生存的孩子众多，所以由此带来的不同村落间的

---

① 宋擎擎：《韩国民族文化性格探究》，新华出版社，2015 年，第 150 页。

② ［韩］李尚圭著，王倩倩，梁钊译：《素井漫谈》，河北大学出版社，2014 年，第 116 页。

③ ［韩］李尚圭著，王倩倩，梁钊译：《素井漫谈》，河北大学出版社，2014 年，第 116 页。

纷争是不可避免的，这也是党派纷争的原始形态。生产力的落后，使得资源变得有限和稀缺，所以，“哪怕是依靠力量，也得守护着自己的东西不被抢占”①。有时因为家族意识发展得过于极端甚至会产生“非我族类，其心必异”的情绪，这也更加加剧了不同种族、圈子之间的敌对与仇视。而在有的时候，在利益的驱使下，不同村落与圈子之间为了避免被抢，必须得携手联合，由此拉开了“大户之间相互争斗”的历史序幕。精通朝鲜历史的李尚圭为我们描述了一幕幕朝鲜“党派纷争”的场面。所谓“太阳底下没有新鲜事”，如今党派纷争的局面在历史中均有据可查。

现代人在面对这笔“历史遗产”时丝毫没有拒而不收的意思，而是“照搬全收”，甚至比前辈们做的有过之而无不及。而李尚圭敏锐地指出，“党派纷争”的根源在于“要职”。权力和利益是一枚硬币的两面，谋求高官要职的同时便也是坐收利益的开始，李尚圭深谙此理，并进而深刻地指出“为了谋得官职，无论是哪一个党派，得先扯上关系。也就是说，地缘也好，学缘也罢，不管是同新势力或是旧势力，得有密切的关系”。② 这便也是“圈子文化”的负面影响的又一体现，即想要办成事，拉关系是必不可少的环节。韩国人这种“强烈的家庭和社交圈子观念某种程度上也造成了韩国社会任人唯亲的局面。”研究者宋擎擎指出，“韩国人会把自己的亲朋好友放在最有利益的地方，让他们得到更多的发展，如果在韩国没有圈

① ［韩］李尚圭著，王倩倩，梁钊译：《素井漫谈》，河北大学出版社，2014 年，第 117 页。

② ［韩］李尚圭著，王倩倩，梁钊译：《素井漫谈》，河北大学出版社，2014 年，第 118 页。

内人的帮助，一个人将举步维艰”。[1]

“任人唯亲”的社会危害同样巨大，无论是对于政府、企业还是事业单位来说，它不仅遮蔽了领导人用人的视野，而且还是导致徇私舞弊、行贿受贿等腐败现象的源头。腐败现象在韩国异常泛滥，蔓延到社会生活的方方面面，几乎没有人能完全做到独善其身，上到总统高官下至普通百姓，他们都很难完全做到不受这种风气的影响。历届韩国总统都有着强烈的反腐意愿和坚定的反腐决心，“几乎每位总统在上台之初都把反腐败作为执政的首要任务”[2]。无论是朴正熙、金泳三、金大中还是卢武铉、李明博，都曾针对腐败问题做出过一些有效的举措，但讽刺的是他们当中几乎没有一个人能善始善终，他们最终也都被腐败所侵蚀，倒在了反腐的道路上，这就像人们所嘲讽的那样，“韩国总统的腐败成果最终总是在自己身上体现出来”。

普通民众尽管没有像高官那样腐败的资本，但他们也通过自己的方式“践行”着“腐败文化”。前文提及，在韩国由于“圈子文化”的盛行，导致如果你想融入更多的圈子，就必须尝试去走动更多的关系，扩充自己的人脉。而金钱，就成了融入圈子的“敲门砖”，贿赂，则成了韩国社会的润滑剂。民间的贿赂之风并没有随着上层的反腐倡廉而有减少、衰退的趋势。送红包这一约定俗成的行为，已经渗透到韩国人生活当中的每一个角落。不如此便只能囿于自己的小圈子里，寸步难行。

---

① 宋擎擎：《韩国民族文化性格探究》，新华出版社，2015 年，第 150 页。
② 宋擎擎：《韩国民族文化性格探究》，新华出版社，2015 年，第 33 页。

除了党派纷争、任人唯亲、腐败盛行……“圈子文化”所衍生出的负面影响还有韩国人对来韩工作的中国朝鲜族人员的不屑与轻视。受“圈子文化”浸染的韩国人尽管对于与自己关系密切的圈内人怀有强烈的感情，甚至为其“赴汤蹈火”也在所不辞；但对待圈外人的态度却判若两人，既不表现出热情，也不对其负任何责任。根据相关研究者的划分，韩国人眼中的“圈外人”至少包括三种：第一种是等级观念中的下层阶级，韩国人经常把他们当作不存在的东西。李尚圭在《老人与清洁工》中曾对于这种现象有所提及：“环境清洁在我们社会被称为 3D 行业，大家都避而远之”①；第二种是包含了不属于自己群体的人；第三种是在韩国的外国人，这其中就包含了在韩国工作与生活的来自中国延边地区的朝鲜族人员。

1992 年中韩建交后，两国经贸关系取得了突飞猛进的进展。“中国已经成为韩国最大的海外投资对象国，而韩国也成为中国第四大外商直接投资来源国。经贸关系的飞速发展使得两国之间交通便畅和人员往来频繁，韩国很快也成为中国移民的目的地之一。”② 而在韩国方面，其政府也逐渐放宽了出入境政策以及外国人就业和入籍政策，再加上当时中国的发展落后于韩国，由此导致两地工资待遇差距较大，“许多精通韩语的中国朝鲜族劳动者开始来到韩国就业工作”③。截至 2007 年底，在韩国的中国人已经达到将近 50 万，其中

---

① ［韩］李尚圭著，王倩倩，梁钊译：《素井漫谈》，河北大学出版社，2014 年，第 91 页。

② 王淑玲：《韩国华侨历史与现状研究》，社会科学文献出版社，2013 年，第 157 页。

③ ［韩］李尚圭著，王倩倩，梁钊译：《素井漫谈》，河北大学出版社，2014 年，第 180 页。

主要是来自东北的朝鲜族人。但李尚圭敏锐地察觉到这些来自中国的朝鲜族工作者并没有得到和韩国人一样的待遇，甚至遭受到了歧视与不公："许多韩国老板欺骗在韩务工的中国朝鲜族工作者，给予的报酬远低于韩国人的工资。"① 这种排外的"小圈子主义"向来为李尚圭所不齿，他也多次向韩国相关部门呼吁提高中国的朝鲜族务工者在韩国的待遇，但政府出台政策只是一方面，如何在民间形成一种不同国界和民族间互帮互助、相亲相爱的风气才是更为重要的。

---

① ［韩］李尚圭著，王倩倩，梁钊译：《素井漫谈》，河北大学出版社，2014 年，第 181 页。

第四章 李尚圭的纪行哲思表达

现代意义上的旅行是一种内涵丰富、意义复杂的社会文化活动。我们可以从以下三个不同的维度来对其进行考察。首先，作为一种经济行为，旅游已经成为带动国家经济发展的一个巨大的现代产业；其次，它还是一种可以广泛交友、了解异地风土人情的交往活动；再次，它还是一种观光体验活动，旅行会在不同程度上带给旅行者不同的内心体验。正是在这个意义上，旅行可以说是一种“风景”的发现。这种“风景”又绝不仅仅局限于单纯的自然景观或是人文景观，它还包括旅行者在旅途中以物观我，之后所形成的对于自身的全新认知。以此观之，李尚圭散文中所呈现出的旅行“景观”无疑也是充实与丰富的。作为一名文化交流与传播的使者，李尚圭经常奔波于不同的国家和城市，往返于城市与乡村两地，也正因如此，“旅行”成为了他散文中较为独特的一种意象。如果再仔细划分的话，你会发现在他笔下旅行的种类不尽相同：有因工作关系而远赴国外的公事出差，也有闲暇之余造访名胜古迹、寄情山水之间的外出郊游。当然很多时候，他旅行的目的是为了暂时逃避苦闷的现实，远离都市的喧嚣与冷漠。这个时候，乡村仿佛就成了他那被现实折磨得疲惫不堪的心灵的最后的栖息之地，而透过他的文字，我们分明又能强烈地感受到他对于这一类“返乡之旅”的格外看重。

旅行的风景不单单保存于影像之中，也留存于作家的笔墨之间，由此形成了游记散文的文体形式。其实，游记散文的历史源远流长，自古就是文人墨客用来抒发情感、寄托理想的文学载体，是用来记录他们在游赏山水时所达到的那种“物我相亲，景情互构”的生命理想境界的平台与媒介。而随着时代的发展与进步，游记散文的题材与内涵也随之扩展与丰富起来。如果说古代的游记散文主要是以山水游记为主，那么到了现代以后，散文家们凭借着广阔的视野和敏锐的眼光，“不仅为山水传神，也为时代写照”①。他们创作的笔触从自然延伸到社会，其目光也从山川河流投向大千世界的芸芸众生，民间疾苦是他们反映的对象，对于国民劣根性的批判也是他们经常涉猎的主题。为李尚圭的旅行书写单辟一章进行论述，自然不仅仅因为他为读者展示了一幅幅大韩民族特有的自然景观风貌，以及其背后蕴含着的深刻的哲学思考；更重要的还是考虑到他笔下的社会文化景观承载了他对于底层人民的人文关怀和人道主义情怀，以及对于国民性的重新审视、反思与批判。在行走中纪录，在纪录中思考，在思考中收获哲理与体悟，旅游体验对于李尚圭来说无疑是珍贵的，但谁又能说，其游记散文之于我们，何尝不是一种精神上的财富呢。

① 徐慧琴：《百年游记散文研究：1900—1999》，山西人民出版社，2012年，第149页。

第一节 域外体验与反思国民性

异国旅行的经历经常成为作家写作的灵感来源和重要素材，学者周宪曾说："旅行是一种遭遇，一种他者眼光与陌生现实的遭遇。所以，旅行就是越出本土的囿限看外部世界，而旅行文学不过是对这种看的记录。进一步，旅行又是一种时空过程。在旅行过程中，时间与空间有着复杂的意义。时间维度在旅行文学中常常会切入了历史层面，构成旅行家自身的传统时间层面与所到之处的当下时间层面的纠结。空间的转移不但有地理形态的骤变，而且有人文环境的巨大反差。自己所属的社会和文化与所到之处的社会和文化之间复杂的比较参照，必然产生一种对自己所属文化及其身份的深刻体认和反思。"① 从这个意义上来看，李尚圭对于自己域外旅行"遭遇"的书写也隐含了他对于国民性与现代性的相关思考与反思。这种思考与反思不仅对于作者本人，甚至对于整个大韩民族，都不失为一笔宝贵的财富。

美国之行是李尚圭域外旅行的重要一站，但他与美国的初次"遭遇"并不美好，他甚至用了"噩梦"这样的字眼来形容这次不愉快的经历，并把这些当作素材写进了《噩梦瞬间与同胞情》和《被夺走的一天》两篇散文中。不会说英语的作者在机场办理入境手续

---

① 周宪：《旅行者的眼光与现代性体验——从近代游记文学看现代性体验的形成》，《社会科学战线》，2000 年第 6 期。

时遭遇了来自西方公务人员的冷眼相待。他在一面自责“为何没能像别人一样，在读书的时候努力学习外语”[①]，而感到“羞愧丢脸”的同时，也感受到了来自西方深深的恶意。机场的安检人员像“审问罪犯一样”与作者进行对话，让他“莫名其妙地感到恐惧和耻辱”，“之前到美国旅行的激动之情瞬间消失，取而代之的是压抑全身的后悔之心”[②]。李尚圭所经历的一切固然说明语言交流的重要性，他也在文章后记当中提及了这一点；但也不无深刻地反映出西方人意识深处对于东方人根深蒂固的偏见，这种偏见在他抵达美国之后又有了更深刻的体验。比如，他了解到韩国人被美国人称作“东方的犹太人”“为挣钱而生的人”“不会玩的工作狂”，虽然李尚圭无法断定这样的评价是好是坏，但实际上他却已经触及了一个事实，即西方人看待东方的眼光并非客观、公正，而是与殖民主义、种族主义密切相关的。东方人的形象之所以被扭曲，源自于一种“东方主义”的偏见。萨义德于1976年出版的著作《东方学》中提出了“东方主义”这一概念，用来形容西方看待东方的带有傲慢与偏见的审视眼光：“欧洲的东方观念本身也存在着霸权，这种观念不断重申欧洲比东方优越、比东方先进，这一霸权往往排除了更具独立意识和怀疑精神的思想家对此提出异议的可能性。”[③] 因此，东方主义视野下的东方只是西方人为自己的需要而建构和想象出的东方。

---

① ［韩］李尚圭著，王倩倩，梁钊译：《素井漫谈》，河北大学出版社，2014年，第75页。

② ［韩］李尚圭著，王倩倩，梁钊译：《素井漫谈》，河北大学出版社，2014年，第76页。

③ ［美］萨义德著，王宇根译：《东方学》，读书·生活·新知三联书店，1999年，第14页。

李尚圭在机场的入境经历让笔者想起了中国作家老舍在80多年前初登英国时一个的类似情景。作为东方人的老舍在入境安检时，同样是因为英语不好的原因闹了笑话，差点耽误了行程："检验护照。我是末一个——英国人不象咱们这样客气，外国人得等着。等了一个多钟头，该我了。两个小官审了我一大套，我把我心里明白的都说了，他俩大概没明白。"① 语言不通给同为东方人的李尚圭和老舍带来了行动上的不便，但是以幽默见长的老舍用一种极为幽默、豁达的态度轻描淡写地将这段尴尬的经历讲述出来，并带着一丝"自嘲"的意味；而作为社会活动家的李尚圭，则将其愤懑的情绪诉诸他的文字之中，并从社会、历史的层面为美国人的"傲慢与偏见"寻根把脉，他认为美国人对于有色人种的歧视根源在于美国历史上的奴隶制，这才造成了"当今美国最大的社会问题"。

通常来说，人只有在看与被看的过程中主体意识才慢慢生成，"'看'成为现代性社会里最典型的行为，并深具主体意义。这个动作最基本地区分了观看者和被看者，使得自我与他者，东方与西方，女性与男性的位置立判同时又相互纠缠。"② 在经历了充满东方主义偏见的西方人的冷眼相待之后，李尚圭并没有一味地沉浸在愤懑的情绪中，而是开始对本民族的国民性进行反思，这种反思源于一种感知上的"陌生"，而这种陌生感只有在域外才会更加明显地体现出来。陌生感来自于本国眼光与异国现实的碰撞，其中必然会产生出许多不解与困惑，"于是，陌生的眼光看待陌生的域外文化和社会，

---

① 老舍：《老舍全集·第14卷》，人民文学出版社，2013年，第14页。

② 唐宏峰：《从视觉思考中国：视觉文化与中国电影研究》，中国电影出版社，2015年，第218页。

反过来又会产生一种对自己的文化和社会的新的体认和看法，最终又会导致对自我的陌生感”①。这种“自我的陌生感”的产生就是对国民性反思的前提。在滞留机场的那段经历中，那位韩国女翻译的形象成了李尚圭对本国同胞进行反思的切入口。起初那位女翻译还能“完整地转达我的意思”，这“瞬间给我带来了巨大的安慰”，但随着问题逐渐的烦琐与增多，她的脸色也变得有些不好看起来。尽管最后女翻译还是帮助作者离开了“拘留室一样的地方”，但这中间的起起伏伏让李尚圭内心也起了波澜。尤其是当他在被隔离的地方，看到同样在入境手续上出了问题的日本人和中国人在本国同胞翻译的不懈努力帮助下，最终“短时间内处理完了这些事情”时，让李尚圭羡慕不已，在对他国的民族特性大加赞赏的同时，也不禁发问：“什么时候我们民族也能像他们那样，在谁有困难时，能互助包容，共度难关呢?”②

而更令李尚圭心里百感交集的是，在美国一家韩国人开的饭店中，韩国人的表现也令人失望：“每当有什么需要，呼叫服务员时，服务员只是嘴上应着，服务态度实在让人不敢恭维。饭后我跟她说了不亲切的问题，她对我说因为太忙了没办法，又道了歉，还说希望下次光临。”③ 与在机场一样，李尚圭此时也以一种比较的眼光去看待这件事情。他认为同样是在美国，“日本人亲切的服务态度与这

---

① 周宪：《旅行者的眼光与现代性体验——从近代游记文学看现代性体验的形成》，《社会科学战线》，2000年第6期。

② ［韩］李尚圭著，王倩倩，梁钊译：《素井漫谈》，河北大学出版社，2014年，第79页。

③ ［韩］李尚圭著，王倩倩，梁钊译：《素井漫谈》，河北大学出版社，2014年，第82页。

里形成了鲜明的对比”[1]，这也让他“觉得羞愧无比”。正是在这个意义上，除了西方人对于韩国人的东方主义偏见外，韩国国民自身素质的良莠不齐也是其遭受偏见的主要原因。身处异域的作家通常都会对本民族的同胞给予更多的关注，也正因如此，本民族的缺点也往往被无限放大，显得格外醒目。尽管李尚圭对于西方人的傲慢颇有微词，但在矛盾出现时，他最先做的是反思自己英语水平的薄弱，然后才是去质疑他者态度的傲慢，这无疑是令人钦佩的。正是在这种心态的统摄下，他在面对韩美文明之间的巨大差距时，没有落入“自我东方主义”一味否定自身、唯洋是从的陷阱，也没有被狭隘的民族主义所裹挟，进而不加思考地对美国文明一概而否，而是以一种平等的姿态去正视美国先进发达的物质文明，既看到了美国繁荣背后巨大的贫富差距，也由衷赞叹其物质文明的高度发达：华盛顿的宏伟建筑让李尚圭感慨“美国果真是个富裕的国家”，而“韩国产品想要迈入发达国家行列，还需要很长时间的努力”[2]；其城市街道的整齐规划也让他不由自主地发出阵阵赞叹，进而以此为镜，为本国城市的规划寻找到了一个可供参考的模板。

旅居外国的“异乡人”通常会在外国文化与文明的镜鉴下，开始极为留意本国人在海外的形象问题。李尚圭身处国外，“韩国人”的身份就变得极为鲜明，这使得他既留心于外国人是如何评价本国人形象，并对其中的不实之处表示出质疑，又自觉地对本民族的劣

① ［韩］李尚圭著，王倩倩，梁钊译：《素井漫谈》，河北大学出版社，2014年，第82页。

② ［韩］李尚圭著，王倩倩，梁钊译：《素井漫谈》，河北大学出版社，2014年，第81页。

根性与国民性进行反思与批判，正是在这个意义上，域外旅行的经历之于他的确是一次认知格局提升的过程：“旅行是一种空间的位移，是从一种空间向另一种空间的过渡，便构成一种眼界逐渐开阔的过程。”① 异域访学的旅行经历带给李尚圭的绝不仅仅是“噩梦”体验这么简单、肤浅，文化视野的开阔与认知格局的提升才是这次旅行的最大收获。机场的遭遇为他反思国民性提供了难得的契机，当他亲自置身于美国的城市之中，近距离地感受着世界发达城市的呼吸与脉搏的时候，也始终没有陷入狭隘民族主义和“自我东方主义”的双重陷阱之中，而是保持了人格的独立和完整，以一种平等的姿态去正视美国文化与文明，这无疑是难能可贵的。

第二节　延边之行与启蒙者倒置

如果说访学美国的旅行经历给了李尚圭一个近距离平等审视西方现代文明的机会，那么，同样是走出国门，造访中国延边朝鲜族自治州的经历则带给他迥异的情感体验。原本作为资助者与启蒙者的李尚圭却被下二道岗村村民的民间智慧与民族精神所折服，并收获了一份对于生活的新感悟，启蒙者与被启蒙者在这一瞬间完成了身份的“置换”；另外，当地文化事业的落后与孩子们对于朝鲜语学习的渴望，使李尚圭萌生了帮助中国朝鲜族文化事业发展的想法，

① 周宪：《旅行者的眼光与现代性体验——从近代游记文学看现代性体验的形成》，《社会科学战线》，2000 年第 6 期。

这也使得延边之行更具有了一份特殊的意义。李尚圭与延边有着深厚的不解之缘。早在1996年，受一位朝鲜族朋友的邀请，他第一次踏上了延边的土地，也由此开启了他与延边的一段特殊情谊。《寻找二道岗村》与《下二道岗村的人们》这两篇文章，就是这一段情谊的最好见证。

任何一段旅行都是发现风景的过程，延边特殊的地理位置和气候条件，决定了李尚圭笔下的风景呈现出一种寒气逼人，却也不乏生机的景象。这种“寒气”不仅来自于天气的寒冷，更有心理上的胆寒。3月的延边天气仍和冬天无异，“陡峭的山谷和道路上随处可见还未融化的积雪”①，这自然给道路出行带来了诸多不便，也为后来的交通事故埋下了伏笔：在一段陡坡的下坡路行驶中，未安装防滑链的出租车直接栽倒在了路边的土坡上。雪路行驶中惊险的翻车经历让李尚圭后怕不已、心有余悸，与死神擦肩而过的李尚圭又像那次美国之行一样，对于出行的决定产生了后悔与质疑的情绪。不过随着旅途的深入与适应，这种后悔的情绪逐渐消退，延边的自然景观也逐渐作为作者审美的对象出现在文本之中。峡谷顶峰的世界在大雪的映衬下变成了“雪之王国”，“蔚蓝的天空，就在头顶”，仿佛触手可及。在这里，作者与自然的距离被无限拉进，他仿佛达到了一种情景交融、物我两忘的精神状态。李尚圭对于白色似乎有一种特殊的偏爱，这从他给自己所起的诗号中便可窥见一二。“素井”是李尚圭的诗号，其寓意为朴素、纯净的井，“并以此告诫自己要洁

① ［韩］李尚圭著，王倩倩，梁钊译：《素井漫谈》，河北大学出版社，2014年，第145页。

身自好，为他人树立好榜样”[①]。白色不就是最朴素与纯净的颜色么？在他看来，“白色是纯粹的象征，是洁白的象征，富含韵味却不炫目，高尚却不孤傲”[②]。他对于白色的喜爱与推崇不也是为了勉励自己，同时也期望他人能够在这个略显混浊的世界中独善其身，洁身自好么？于是你会发现，与白色相关的意象成为他散文中的“常客”：悠闲徜徉在草原之上的白鹭、皑皑的白雪与飘荡的雪花以及身着白衣的年轻女子……这些都无一不寄托着作者对于高洁人格的追求与向往。

任何一段旅行都是一个从陌生到熟悉的认知过程，李尚圭的延边之行亦是如此。他对于延边认知的转变也并不局限于自然景物风光，更有对于当地普通底层民众的态度。一般来说，从城市到乡村的知识分子，对于乡村文明、文化以及村民的认知与了解都会经历一个从表层到深层的转变。这种转变的发生离不开“城乡双方”之间的交流与对话，只有在启蒙话语与民间话语的碰撞与交锋之中，彼此之间的了解才会愈加深刻。如果说初到延边乡村的李尚圭仍然是以一种启蒙的眼光去审视乡下人，那么在他与他们一来二去的对话过后，村民们对于生活的认知与哲理反而让李尚圭自愧不如。

初到延边和龙市的李尚圭对于当地的整体印象是贫穷和缺乏活力，“就连路过的市民，脚步也显得没有生机”[③]。但当他真正融入

---

① ［韩］李尚圭著，王倩倩，梁钊译：《素井漫谈》，河北大学出版社，2014 年，第 195 页。

② ［韩］李尚圭著，王倩倩，梁钊译：《素井漫谈》，河北大学出版社，2014 年，第 26 页。

③ ［韩］李尚圭著，王倩倩，梁钊译：《素井漫谈》，河北大学出版社，2014 年，第 144 页。

到这个群体之后，却发现乡村物质贫穷的背后却蕴藏着巨大的能量和无穷的智慧，与之相比，身为知识分子的作者反而成了被启蒙的对象。在与长白朝鲜族自治县龙岗乡二道岗村寄宿制小学的学生们的交往中，他们淳朴开朗、天真无邪的性格感染着作者，使他“心里涌起一种无法言说的感觉”；而这些为了学习朝鲜语甘愿忍受如此恶劣环境的学生们，在李尚圭看来，无疑是伟大的朝鲜族精神的完美诠释者。作者曾对自己儿时的家乡因现代文明的入侵而丧失了原初的淳朴感到扼腕叹息。也许正因为如此，下二道岗村这种因为贫穷而尚未被开发的村庄才显得弥足珍贵。纯粹的山水养育了质朴、纯真的山民，恶劣的生存环境造就了他们坚韧不拔的气质和不畏苦难的勇气，而这些恰恰是那些在城市里生活的养尊处优的人们所严重缺乏的。从这个意义上来说，也许作者那种无法言说的感觉里所包含的，除了有对孩子们的同情之外，又何尝没有对于城里人早已失去淳朴内心的惋惜呢？

而当李尚圭为了激励村民面对恶劣的生存环境“不要绝望”，“因为还有明天”时，却遭受到了村民们善意的“嘲笑”，他们不无幽默地回应道：“哪来的绝望？”，“有了希望才有绝望嘛。”① “如此绝妙的呐喊”让作者哑口无言，作为知识分子的他一时间患上了“失语症”，不知如何应答。知识分子话语在与民间话语的碰撞中也完全“败下阵来”。知识分子认知体系中那些所谓的希望、梦想、绝望、放弃之于村民来说仿佛一切都失去了效力，没有任何意义可言，因为对于村民们来说，生存，才是第一要务；怎样填饱肚子，才是

① ［韩］李尚圭著，王倩倩，梁钊译：《素井漫谈》，河北大学出版社，2014年，第159页。

比探讨希望更为重要的事情。如果说初到下二道岗村的李尚圭对于村庄“贫穷”的印象尚且停留在感官层面，那么在与村民进行深入交流，尤其是听到村民那一番话颇具哲理的回应之后，他对于“贫穷”的认知才算是真正触及了本质。原来真正的“贫穷”是没有资格去讨论理想和明天的，是没有权利去心怀希望和绝望的，“对于下二道岗村的人们来说，明天并不宝贵，他们所在乎的仅仅是今天的生存”①。

类似的经历还有他与二道岗村朝鲜族学校小学生之间的一次对话，当他以启蒙者的姿态去询问这个村里的孩子，长大以后想干什么时，得到的却不是要从事何种具体职业的回答，而是“要娶媳妇儿”。知识分子所言的所谓的理想、梦想在贫穷的孩子面前是没有概念可言的，他们眼中只有最现实的“生存”，这让李尚圭不禁感慨，究竟“社会现实得有多么严峻，才能让年幼的学生从嘴里毫不犹豫地蹦出这样的答案来”②。李尚圭面对着这些“被贫穷折磨得疲惫不堪的面孔”，一种无力感与虚无感随之而来，也对自身存在的价值产生了怀疑，“只觉得生活虚幻而又悲伤”。幻灭与悲观的情绪笼罩着整篇散文，直到文章的末尾，才依稀可见一丝希望与曙光，李尚圭显然是把希望寄托在了二道岗村下一代的身上。村民们即便“只是出于求生的本能，为了生存而生存”，但“仍为了孩子，为了学习民

① ［韩］李尚圭著，王倩倩，梁钊译：《素井漫谈》，河北大学出版社，2014年，第159页。

② ［韩］李尚圭著，王倩倩，梁钊译：《素井漫谈》，河北大学出版社，2014年，第163页。

族文字，把年幼的孩子推离自己的怀抱，送他们到远方去求学”①，这无疑也是朝鲜族精神的一种传承与延续。

文字和语言是民族精神得以传承与延续的载体和媒介，延边之行既让李尚圭看到了当地朝鲜族孩子学习朝鲜文字、语言与文化的极大热情，同时也深感当地因经济落后而导致的文学与文化事业的停滞不前。这也是为什么他一从延边回国，就马不停蹄地投入到中国朝鲜族文学的挖掘、整理与传播事业中去的原因所在。而由于延边之于他心中的特殊位置，他也自然将资助的重心和文化交流的事业放在了延边朝鲜族自治州——这个曾经与他有过深刻交集的地方。关于李尚圭为中国朝鲜族文学事业做出的伟大贡献已有相关的学者做出过详尽论述，在此也就无须笔者赘言。笔者想要说明的是，延边之行对于李尚圭的特殊意义，正是由于这段经历使他真正建构起了挖掘、整理与传播中国朝鲜族文学与文化的意识与责任，并由此开启了另一段道阻且长的文化传播之旅。

第三节　逃离现实与返归于自然

如何调和理想与现实之间的矛盾？暂时的逃避有时确实是一种“缓兵之计”。尽管逃避对于从根本上解决问题来说于事无补，但它

---

① ［韩］李尚圭著，王倩倩，梁钊译：《素井漫谈》，河北大学出版社，2014年，第159页。

在缓解焦虑、释放压力方面却似乎卓有成效。现代都市首尔那种“压抑沉闷”的环境令李尚圭感到窒息与疲惫，被快节奏的城市生活剥夺的除了时间和空间，还有舒适与放松的心情。“莫名其妙的烦躁”成了他的精神常态，“恶劣的交通环境”与“污染严重的空气”之于他，像是牢笼一般，把他束缚住“一刻也无法逃离”……所以当他偶获喘息之机时，“扑向自然的怀抱”便成了他远离喧嚣、缓解疲劳的不二之选：京畿道高阳郡里的“奶奶家”、冬日雪景里的五台山与寂灭宫、夏秋之际的昭阳湖，甚至儿时生活过的乡村都成了他为自己“贫瘠的心灵”寻找的“安息之地”。

我们知道，现代社会本质上是一个工业化的社会，而工业化的必然结果之一就是都市化。都市的生存空间是有限的，而人口的发展潜力是无限的，都市空间的狭小与逼仄与人口无限发展的趋势之间形成了一股巨大的张力，也形成了一种特殊的城市文化景观。德国社会学家齐美尔认为，大量人口密集地居住在城市的有限空间里，形成了一种独特的文明形式，而这也是一种大都市的生活空间，“其特征在于理性原则对于生活各个层面的控制，个性化的生活受到了限制，感性的生活受到了压抑”①。生活受到了理性主义的“压迫”，变得愈来愈千篇一律、缺乏新鲜变化的特征，用马克斯·韦伯的话来说，这种现代生活无异于“铁笼”一般。而如何从“铁笼”中挣脱出来？在韦伯看来，囿于“铁笼”之中的个体所需要的，是通过某种像审美或性爱一类的活动来超越“铁笼”的压抑性的生活。

旅行恰好承载了通过位置的偏离达到审美目的的功能。旅游带

① 周宪：《视觉文化的转向》，北京大学出版社，2008年，第296页。

来了个体位置的偏离，也让个体从日常生活的连续性中解脱出来；而在审美的过程中，理性思考让位于感性体验，紧张的心情被愉悦所取代。当李尚圭挣脱城市的“大网”与“铁笼”，寄情于山水之间时，心灵的解放也水到渠成，成了情理之中的事，他对于生活与人生的种种感悟与哲思便也往往随之而来，使他笔下散文中的风景也承载了些许深沉的哲理。李尚圭旅行正是这样一种过程，它暂时脱离了理性原则所控制的生活，转向了一种感性体验的愉悦。

在散文《情》中，京畿道高阳郡里的“奶奶家”是李尚圭缓解工作疲劳、远离周遭人群的首选之地。老奶奶对客人的热心让李尚圭恍惚间“仿佛看到故乡母亲的身影”，而“奶奶家”的装修布局又勾起作者年幼时的情结，对于他的艺术构思和诗情酝酿也不无裨益。坐落于景区的“奶奶家”是一家主营锅巴汤的店铺，虽然店铺的生意本质上也是一种商业活动，但作者却从与店家“等价的商品交易”中看到了“待人的情谊”，而在他看来，这显然是比物质更为宝贵的。李尚圭对于现代文明、商业文明并不抵触，他所反感的是社会上逐渐泛滥起来的“物质万能主义”，而在这种思潮的冲击下，“祖祖辈辈代代流传的温情悄然褪色”。作者为这篇散文冠以《情》这样的题目，就是想要传递这样一个信息，即“在这世态炎凉的社会”，对于那些“规划明天的现代人而言”，传统文明中的人情味是多么珍贵。作者甚至将“奶奶家”的小屋比作“幸福的摇篮”，其中蕴含着的象征意味再明显不过：这里才是人类精神的原点与起点，是未经现代文明洗礼过的带有鲜活生命力的原初状态。李尚圭在对现代商业道德提出批判的同时，也肯定了古老经营方式中的职业道德，并对传统的人性美和人情美表示出深沉的留恋，甚至对之发出动情的呼唤。

冬日造访五台山和寂灭宫的经历则更富有意境，引人浮想联翩。李尚圭将这一经历写入散文《五台山　寂灭宫》中。他认为不同季节的旅行有着不一样的体悟，相对于春天山路的百花绽放、夏天的绿荫成行、秋天的红枫绚烂，在寒冬攀爬荒凉的苍山似乎别有一番滋味在心头："战胜狂风，站在山峰之巅时的感觉就像拥有了全世界，令人感慨万千。廉价的成功怎能同浸满汗水的人生相提并论。冬日的山峰苍凉无情，而冬日的山路却像生活中传来的捷报，同时诠释着苦尽甘来这一成语。"① 在这段旅程之中，类似的人生体悟不时地涌现出来，与冬日山间的雪景交相辉映，别有一番意境。"人的生命活动与自然的生命运动存在许多共同规律与特征，人与自然同形同构"②，正如《易经》中所言："天地氤氲，万物化醇。男女构精，万物化生"③，也如《中庸》所讲："君子之道，造端乎夫妇，及其至也，察乎天地"④，这些无一不是将人的生命存在和自然的存在当作一个整体来对待，游人游走于自然之间，实际上就是欣赏自身生命的一种表现。"明知终归要下山仍要攀登，这就是人生，我们的生存之路"⑤，这是李尚圭对人生要义的领悟；而寂灭宫里在佛像前虔诚跪拜许久的白衣女子，在作者眼里也仿佛神圣起来，"像雪花

---

① ［韩］李尚圭著，王倩倩，梁钊译：《素井漫谈》，河北大学出版社，2014年，第18页。

② 徐慧琴：《百年游记散文研究：1900—1999》，山西人民出版社，2012年，第108页。

③ 杨庆中：《周易》，吉林人民出版社，1997年，第3页。

④ 王云五：《中庸今注今译》，台湾商务印书馆，1977年，第6页。

⑤ ［韩］李尚圭著，王倩倩，梁钊译：《素井漫谈》，河北大学出版社，2014年，第19页。

一样洁白无瑕”。这又何尝不是作者对于理想人格与高尚境界的一种追求与向往呢?

关于理想民族人格的建构一直是李尚圭孜孜不倦思考与探索的事情，以至于在旅行途中，作者的所见所闻都能成为他思考这一问题的切入口。在《白鹭变乌鸦飞行之日》中，昭阳湖畔的白鹭又一次让作者陷入了沉思，也成了他理想人格的象征与寄托。白鹭不论在中国还是韩国，都代表着一种美好的意象。中国古代的许多文人墨客都对白鹭青睐有加，留下了许多咏鹭的诗词歌赋，杜甫脍炙人口的“两个黄鹂鸣翠柳，一行白鹭上青天”的七绝自不必说；更有李白《白鹭鸶》中的“白鹭下秋水，孤飞如坠霜”；张志和《渔歌子》中“西塞山前白鹭飞，桃花流水鳜鱼肥”也是千古名句……如此种种，不胜枚举。对中国传统诗词尤其是唐诗情有独钟的李尚圭，自然不会对这些歌颂白鹭的诗句感到陌生，在被这些咏鹭诗句深深折服的同时，他也尝试在自己的文学世界里描绘出他心目中的白鹭形象。夏秋之交的昭阳湖畔，安静平和的草原上，悠闲徜徉的白鹭令李尚圭感到无比羡慕与着迷。我想，作者所羡慕的，正是白鹭那种沉稳从容的生活态度和精神气质：“白鹭长长的脖子在古文中被人们用来表达等待。懂得等待的白鹭，不疾不徐的身姿，诠释了古代文人的气质。”①

李尚圭有一篇散文就叫作《等待的美学》，把“等待”上升到美学的高度，足以见得他对于等待有着自己的一套哲学认知。等待是一种慢生活的体验，但这种体验在现代社会却显得如此奢侈。现代

① ［韩］李尚圭著，王倩倩，梁钊译：《素井漫谈》，河北大学出版社，2014年，第26页。

都市快节奏的生活方式最大限度地压制着空间和时间，让处于夹缝之中的现代人倍感焦虑，“不懂原谅，匆匆忙忙、焦躁不安”则成为心灵的常态，在李尚圭看来，这无疑是对于自己本心与本性的背叛，因为“等待是人类的权利、义务，也是人类的幸福”，“在等待中成熟，在等待中萌发浓浓的爱情，在等待中创造人生之韵味”①，这种悠然自得的心态也应该是人类才能拥有的美好性情，唯有“充盈的时间”才能有“悠然自在的感觉”，疲惫的心灵也才能够得到抚慰，也只有“懂得原谅，懂得忍耐的等待才能给人类带来真正的生活”②。但不堪的现实却令作者失望：“为了谋求一己私利，不惜残忍地践踏、诬陷他人；为了个人之乐，令更多的人皱眉愤怒；只信奉自身，不懂得等待；将信义弃之如履，利己主义泛滥成灾。”③ 所谓“悠然自得”的状态如今在人类身上似乎难觅其踪迹，作者也只能靠欣赏白鹭来求得一丝心灵上的慰藉。李尚圭借白鹭之“酒杯”，浇胸中之块垒，有感于世风日下，人心不古的现实，他甚是希望现代人能像他们的祖先那样，从白鹭身上学会等待，学会默默行动与沉稳从容，“拥有懂得原谅，不入堕落之地的雅士气质，从而懂得沉默，懂得享受孤独”④。

回忆本身也是一种等待，那是曾经逝去的岁月对行色匆匆之人

① ［韩］李尚圭著，王倩倩，梁钊译：《素井漫谈》，河北大学出版社，2014 年，第 42 页。

② ［韩］李尚圭著，王倩倩，梁钊译：《素井漫谈》，河北大学出版社，2014 年，第 42 页。

③ ［韩］李尚圭著，王倩倩，梁钊译：《素井漫谈》，河北大学出版社，2014 年，第 28 页。

④ ［韩］李尚圭著，王倩倩，梁钊译：《素井漫谈》，河北大学出版社，2014 年，第 26 页。

的“呼唤”。古谚有云：别走得太快，等一等你的灵魂。让自己的身心回到过去，为早已疲惫不堪的心灵寻找到一片安息之地，等待的意义也正在于此。关于过去的美好记忆正是对未来还心存希望的原因所在，“我想正是因为有这遥远的回忆，我才没有绝望，怀抱着明天的梦想”①。在这里请允许笔者再一次拿中国作家老舍与李尚圭做个比较，因为出乎笔者意料的是，关于过去与未来的辩证关系的认知，中韩两位跨越时代与民族的作家，竟然会出奇的一致。老舍曾对过去与未来的辩证关系有过这样的论述：“人是为明天活着的，因为记忆中有朝阳晓露；假若过去的早晨都似地狱那么黑暗丑恶，盼明天干吗呢？是的，记忆中也有痛苦危险，可是希望会把过去的恐怖裹上一层糖衣，像看着一出悲剧似的，苦中有些甜美。无论怎说吧，过去的一切都不可移动；实在，所以可靠；明天的渺茫全仗昨天的实在撑持着，新梦是旧事的拆洗缝补。”② 尽管相对于老舍来说，李尚圭的文学生涯起步较晚，但这丝毫不影响他用笔写出像文学大家老舍那样深刻的生活体悟。

儿时的李尚圭生活在韩国乡村，故乡承载了他童年太多美好的回忆：爬上老家的山坡去采摘金达莱花的嫩芽；“挡不住春日阳光诱惑”的他经常不经意间就在坡顶上面睡着；全村无限风光似乎全都聚集在坡顶之上，让年幼的李尚圭流连忘返，不想回家，“静静地、蜷缩着坐在那里，眺望炊烟袅袅的村庄或数着不知不觉中绽放的花

---

① ［韩］李尚圭著，王倩倩，梁钊译：《素井漫谈》，河北大学出版社，2014 年，第 39 页。

② 老舍：《老舍全集 · 第 14 卷》，人民文学出版社，2013 年，第 79 页。

蕾”[①]。正是这些美好的回忆储存在李尚圭的脑海之中，每当现实生活追赶着他喘不过气的时候，只要他“间或闭上眼睛”，它们便会自动浮现出来；而返乡之旅自然成了他追寻回忆、净化身心的一副“良药”。在李尚圭的“旅行地图”中，“故乡”作为其人生旅程的始发站，是无论如何也绕不开的。《寻觅的故乡》所写的正是作者一次返乡旅程的经历。都市的空气似乎永远赶不上家乡的新鲜，“即便打开了窗户，敞开了胸怀，仍感到气闷”[②]；而此时来自家乡朋友的一封信适时地把他从气闷的现实中解救了出来。在家乡首次举行小学聚会的通知勾起了作者遥远的回忆，“历历在目的往事浮上心头。一涌而来的乡愁让我热泪盈眶”[③]。但在如今这个缺乏“等待”的社会里，“返乡”似乎都变得异常艰难与奢侈，繁重工作的束缚与周围亲人不理解的目光，都使得这条返乡之路充满荆棘与坎坷，但也正因如此，这更坚定了作者要去争取的勇气。返乡，在他看来是暂获自由且有价值的事情，而“有价值的事情需要用勇气去争取”。所以当他义无反顾地踏上归乡之路，去参加同学聚会时，那感觉仿佛像是走上了一条飞黄腾达之路。

但正所谓“到不了的是远方，回不去的是故乡”。现代文明的洪水，夹杂着污染，早已席卷了村庄的各个角落，乡村过去的淳朴与美好几乎消失殆尽，只能留存于记忆之中。在《寻觅的故乡》一文

---

① ［韩］李尚圭著，王倩倩，梁钊译：《素井漫谈》，河北大学出版社，2014年，第45页。

② ［韩］李尚圭著，王倩倩，梁钊译：《素井漫谈》，河北大学出版社，2014年，第47页。

③ ［韩］李尚圭著，王倩倩，梁钊译：《素井漫谈》，河北大学出版社，2014年，第47页。

中，李尚圭返乡的实际路途经历和触景生情而产生的回忆，实际上是一个并行的过程，如果按照叙事学的理论来说，夹杂在返乡之旅中的其实是两个第一人称："一为叙述者'我'追忆往事时的眼光，另一为被追忆的'我'正在经历事件时的眼光"，这两种眼光交替作用，"体现出'我'在不同时期对事件的不同看法或对事件的不同认识程度，它们之间的对比常常是成熟与幼稚、了解事情的真相与被蒙在鼓里之间的对比"①。最初离开首尔这个"深渊"之后，在"寻找童心世界的道路上"，作者追忆往事的眼光开始占据主导位置，当然这种回忆的"眼光"更多的时候不是用"看"，而是用"听"。李尚圭的文字仿佛为我们还原了这样一种场景，未曾真正到达目的地之前，作者是闭着眼睛去回忆过去的一切。听觉取代了视觉，占据了感知的位置，他把期待和喜悦的心情比作音乐的前奏，并在随后的书写过程中将他以前听到的与现在听到的"听觉景观"一一呈现出来：幼时学校教室里音乐课上的风琴声、合唱的歌曲声、广阔田野上孩子们的歌声均回荡在耳畔；现实世界中山背榉树上喜鹊的齐声歌唱，代替了欢迎的礼炮，让他也不禁放声歌唱起来，这些都如梦境一般，为他梦醒之后的惊愕做足了铺垫。当他"似醒非醒"地睁大双眼环顾左右时，视觉取代听觉，经历事件时的眼光取代了追忆往事的眼光，回忆中的故乡逐渐坍塌，取而代之的是一幅幅陌生的景象：天空已不再蔚蓝，土路也不再平坦，悬挂在草屋房檐上的冰棱柱子也早已不见，只有新漆的砖瓦房映入眼帘；迎接他的不是曾经的乡音，而是魔鬼眼睛一样的路灯和拖拉机耕地时发出的噪音；

① 刘俐俐：《永远的故乡与鲁迅的返乡之路——鲁迅〈故乡〉的文本分析》，《中南大学学报（社会科学版）》，2006年第12期。

曾经的故乡已经渐行渐远，淳朴的乡情也一层层地往下沉淀。

通过阅读李尚圭的文字，我们似乎可以勾勒出这样一条城乡之间的行走路线。青年时期为了更好地生存与发展，离乡似乎是李尚圭必须的选择和出路。“凭借着在首尔读过大学的借口，我曾费尽心思，以期望在首尔能获得一处容身之地”①；但当他真正生存在城里之后，感受到的却是来自城市的冷漠与无情：“不给乡下人留丁点立足之地，哪怕是能容身躺下的一平方米”②；城市的逼仄与压力让他萌生离城的渴望，重新回到家乡去和大地融为一体。“身心向城——生存在城——渴望离城”似乎成了像李尚圭一样的离乡者都逃脱不出的宿命与怪圈。然而离开城市还能去哪儿？故乡吗？故乡在现代文明的侵扰之下早已不复当年的模样，被城市折磨得疲惫不堪的心灵也注定无法在故乡安放。回忆和当下的视角交替出现在李尚圭的归乡散文中，使他的故乡呈现出昔日与现实的两幅面孔。两者之间的对比愈明显，带给我们的震撼就愈强烈。这一份厚重的乡愁该往何处安放？显然，李尚圭并不能够给出答案。

朱光潜曾在散文中说过这样一个故事：“阿尔卑斯山谷中有一条大汽车路，两旁景物极美，路上插着一个标语牌劝告游人说：‘慢慢走，欣赏啊！’许多人在这车如流水马如龙的世界过活，恰如在阿尔卑斯山山谷中乘汽车兜风，匆匆忙忙地急驰而过，无暇一回首流连风景，于是这丰富华丽的世界便成为一个了无生趣的囚牢。这是一

---

① ［韩］李尚圭著，王倩倩，梁钊译：《素井漫谈》，河北大学出版社，2014年，第45页。

② ［韩］李尚圭著，王倩倩，梁钊译：《素井漫谈》，河北大学出版社，2014年，第45页。

件多么可惋惜的事啊!”① 放缓脚步去欣赏路边的风景，是李尚圭在用实际行动来践行他的“等待美学”，也是他试图逃离了无生趣的人生囚牢的一种尝试；当他以欣赏的态度来看待这个世界时，艺术的灵感与哲学的妙语便会迸发而出，通通跃然于他的纪行散文之上，为读者呈现出一幅幅情景交融、寓意深远的动人画卷。

① 朱光潜：《谈美》，东方出版社，2016 年，第 104 页。

第五章　李尚主的自我调和反应

古罗马诗人尤维纳利斯曾在一首讽刺诗中说过一句话“愤怒出诗作”，这也就是人们后来经常使用的“愤怒出诗人”的最初来源。正所谓“诗三百篇皆古圣贤发愤之所为作也”，面对现实的矛盾与不堪，敏感的文人通常是不会无动于衷的，而是将对于现实的不满与愤懑诉诸自己的笔端，留下文字作为自己情绪的记录。散文作为文学体裁中较为灵活的一种，更是有利于作者随意、自由地表达自己的观点与情感，向读者尽可能真实地呈现出自己的情绪与态度。文学应该是对现实的真实反映，揭露现实的黑暗与弊端，也应该是文学所具有的功能。现实中的矛盾是无处不在的，作为感知能力强于常人的文学家，他们是有责任去对此做出回应的。尽管他们也无法为问题的解决提供方案，而这显然也不是他们的职责所在，但只要是有过“呐喊”的尝试，就没有丢掉一个文学家的良知与尊严。李尚主在社会矛盾面前没有选择漠视与回避，而是直面现实，用一个个富有哲理的故事践行着自己的文学表达。

他选择以动物的视角去反观人类，而不是以人类中心主义的视角去观察、评价动物的行为动机；他尊重动物，任何一个弱小生命的逝去都会引来他的无限悲伤。李尚主通过对动物的描写，既寄托了对理想人格的追求，也表现出对于底层民众的同情，在他动物叙事的背后蕴藏着深切的人文关怀与人道主义情怀；另外对于韩国的教育热潮，李尚圭也表现出了冷静的审视与思考。教育的终极目的是为了使人更好地生活，但现行的教育体制很显然背离了教育的本意与初衷，造成了学生的异化、加重了家庭的负担、疏远了社会成员之间的关系。必须要提及的是，身为企业家与社会活动家的李尚圭还对职业道德极为重视。在他看来，社会秩序之所以紊乱与动荡很大程度上是人们的职业观念出了问题，而在当今韩国，身在其位却不谋其职的现象比比皆是：知识分子为金钱蒙蔽双眼放弃底线、神职人员打着高尚的幌子行苟且之事、政界人员不为民谋福祉却大肆侵害民众权益……种种怪象背后是拜金主义与享乐主义的歪风邪气在暗自作祟，而想要扭转这一颓势，道德与技能方面的教育自然是不可或缺的。

第一节　动物叙事与人道情怀

正是因为现实生活有太多不尽如人意的地方，作为心系社会且有很强使命感、责任感的李尚圭自然不会袖手旁观，他竭尽所能的去帮助生活中那些需要帮助的人。博爱的李尚圭对于世间万物均抱有一视同仁的态度，这也决定了他所帮助的对象绝不仅仅局限于人类，还有与人类休戚相关的动物。李尚圭对于动物有着极为深厚的感情，从他在散文中为这些生命设置的篇幅便可一窥究竟。在《素井漫谈》这部散文集中，至少有 7 篇文章是以描写动物为主的：被收留的流浪猫、路边树枝上的喜鹊、公司院子里的山蜘蛛、被打捞上岸的鲤鱼与淡水虾……均可以作为作者描写的对象出现在散文当中。人和动物的关系是李尚圭在思考与探索人与自然的关系时所选择的一个重要切入点和突破口，这些散文中的动物意象也承载着李尚圭诸多的情感寄托、社会批判、对现实问题的思考以及对人类与其他物种之间关系的反思。也正是从这个意义上说，李尚圭散文中的“动物叙事”才更加显得独特而内涵丰富。

在众多动物中，李尚圭似乎对猫情有独钟。早年间收留流浪猫的经历让他与这种颇具灵性且性格独特的物种结下了不解之缘，散文《妻子与黑虎》《贼猫与销赃人》《飞蛾出逃》以及诗歌《有时你像猫》都是这段感情的见证。养猫带给李尚圭的不仅是生活上的改变，他对于现实、人生的认知与理解也因为与猫之间关系的亲疏远近而变得愈加深刻。养猫在他看来是一种对单调、乏味的城市生活的调味剂，居住空间的逼仄让养猫变得绝非易事，但这并不能阻碍李尚圭养猫的热情，随着小猫数量的增加也让他们家在居住的小区获得了“爱猫之家”的称号。尽管养猫会耗费很多精力，但却为生活增添了些许乐趣与活力。在李尚圭看来，如果没有猫的话，“会觉得生活孤单无聊，索然无味”①。比起冷漠的邻居们，显然猫更具有活力和生机。

不过家人与流浪猫之间和谐相处的日常并不是李尚圭所关注的重点，他更关心的是人与猫之间在对待同一事物时所持的不同态度

① ［韩］李尚圭著，王倩倩，梁钊译：《素井漫谈》，河北大学出版社，2014 年，第 22 页。

以及由此做出的迥异选择。为了表现这一主题，他花费了很多笔墨来描写流浪猫的“出逃”行为。在《妻子与黑虎》中，名叫黑虎的流浪猫在被收养了一段时间后就“毫无征兆地失踪了”；而在《飞蛾出逃》中，已经安分地在家待了好几个月的名叫飞蛾的猫也选择了逃离主人的家。猫为什么要出逃？起初李尚圭表示了不理解，因为不论是对黑虎还是飞蛾，李尚圭和家人都给予了无限的爱和关怀。妻子“每天都会到市场卖鱼的地方要些下脚料，洗干净后油炸或者放入各种调料后给小猫炖着吃”①，“有时候自家的饭菜不够时”李尚圭便自费买一些宠物食粮喂养它们；当猫生病时，他也不惜花重金为它们看病医治……巨大的感情投入换回的却是猫的“不辞而别”，这巨大的反差不禁让李尚圭开始反思究竟“搞错了什么”。妻子的一番话似乎令他茅塞顿开，她说对于动物而言，“也许在大自然里自在生活不受干扰，说不定更幸福”②。“追求自由”，李尚圭突然意识到，这才是黑虎和飞蛾出逃的根本动机所在，因为城市狭小、逼仄的生存空间对于它们而言显然是一种束缚。讽刺的是，从人类的角度来看，给猫在城市安家简直就是对它们的恩赐，是给它们提供幸福生活的保障，殊不知那不过是“人类自以为是的幸福标尺”。

爱猫出逃事件让李尚圭开始明白“某种行为对错与否，根据个体判断标准的不同，存在很大差异”③。在“出逃”这一事件中，

---

① ［韩］李尚圭著，王倩倩，梁钊译：《素井漫谈》，河北大学出版社，2014年，第22页。

② ［韩］李尚圭著，王倩倩，梁钊译：《素井漫谈》，河北大学出版社，2014年，第24页。

③ ［韩］李尚圭著，王倩倩，梁钊译：《素井漫谈》，河北大学出版社，2014年，第66页。

“我”（人类）与“猫”（动物）分别作为不同的个体而存在，而相对于进化出语言功能的人类，沉默的动物则从一开始便丧失了为自己辩驳和言说的能力。众所周知，人类凭借着多年的进化征服了自然与其他物种，成为地球的“优胜者”，显然是拥有绝对的话语权，即对于事物正确与否进行解释与说明的权力。“出逃”一词本身带有的贬义不言自明，里面包含了对不忠与背叛的不齿与谴责。相对于忠诚的狗来说，猫则更多地承载着人们对于它们性格古怪、难以捉摸的略显负面的印象。更何况在人们对猫百般呵护的前提下，它们却仍做出“出逃”的举动，这无异于宣判了猫们所犯的错误是板上钉钉，不可更改的。人类对动物的认知与评价从来都是站在自己的立场上做出的判断，狗就是忠诚，猫就是古怪，猴子就是机灵，狐狸就是狡猾，如此种种，不胜枚举。

但从来如此，便对吗？人类的判断难道就绝对正确的吗？在李尚圭看来，人类或许对于自己的判断力过于自信了：“直到现在，我们一直按照自己的标准来评判这个世界的对与错，大谈特谈，就像自己的判断绝对正确一样。”① 人类之所以产生这种自以为是的情绪，就是因为他们总是以自我为中心，而从来没有试图从动物的角度去考虑过问题。长期以来，在对待人与动物的关系上，很多人都秉承着“人类中心主义原则”，“只强调人的道德主体地位，信守人类利己主义原则，把人与自然的关系归结为人与人的利益关系”②。但在这一原则的支配下，很多问题就会被自大与盲目所遮蔽，从而

① ［韩］李尚圭著，王倩倩，梁钊译：《素井漫谈》，河北大学出版社，2014 年，第 66 页。

② 余正荣：《中国生态伦理传统的诠释与重建》，人民出版社，2002 年，第 202 页。

让很多问题变得无从解答。

所以让我们不妨再次回到最初的问题上来：猫为什么会出逃？或许只有当人们从猫的角度去思考，才会较为充分地理解其行为动机。作为爱猫护猫的使者，多年来与猫“打交道”的李尚圭对其习性与性格早已了然于胸，不同于其他人对猫的刻板印象，他对于猫的看法则略显独特，这些在他的一首名为《有时你像猫》的诗中得到了淋漓尽致地体现：

你长长的胡须下
隐藏着傲慢
也能感觉到一丝悲哀
你那带有杀气的绿眼睛里
看出了我的卑贱
你的疾走飞奔
惹恼了我的愚笨
看着沾满污水的你
开始学习着等待
你那锋利的指甲
给予了我伤痕
和那绝望
你的细嫩毛发
和那带刺的舌头
启发着善良与邪恶
有时候啊

你很像猫

胡须下隐藏着傲慢和悲哀，眼睛里携带着杀气与鄙夷。这显然不是一只温顺的猫所应有的模样，寥寥数笔，一只特立独行的猫的形象已跃然纸上。如果说傲慢是猫与生俱来的特性，那“一丝悲哀”又是来自何方？如果说眼神中的杀气是因为流浪太久担心受伤而产生的警惕，那么为何又从我身上“看出了我的卑贱”？李尚圭在此运用文学家特有的想象力，走进猫的内心，以猫的视角来反观人类，看到了囿于城市牢笼中无法脱身的人们，进而对人类产生了悲哀与鄙夷的情感。人类，不过是安于现状而不敢行动的“懦夫”，所以热衷于稳定与安逸的他们自然会被“疾走飞奔”的猫类所“惹恼”，李尚圭站在猫的立场对人类的这种行为做出了反思，并认为此举是“愚笨”的。因此他对于猫的选择表示了理解与同情：“飞蛾肯定认为，自己没犯罪，则没有什么理由就被剥夺了自由。”① 从某种程度上说，这只一心想要逃离城市、渴望自由、向往自然的猫是李尚圭自己的一种情感投射，他在塑造猫的形象时寄托了自己的人格理想。作为人类，无法真正的逃离城市而返归自然，但没有社会关系的猫却可以轻易地做到这一切。对于“猫性”的渴求本质上也是对于“自由”的一种向往。在诗的结尾处，“有时候啊/你很像猫”的感慨意味深长，到底是谁像猫，也许就是作者本人吧。

一般动物散文都是从人类视角出发来描写动物，所谓“以我观物”“以我写物”，人为主体，物为客体。李尚圭通过叙述视角的巧

① ［韩］李尚圭著，王倩倩，梁钊译：《素井漫谈》，河北大学出版社，2014 年，第 67 页。

妙转换，将“话语权”移交给向来只能被“看”、被“写”的动植物，以动物为主体来叙述解释动物本身的行为，展示了其自身行为与人类理解的错位，进而嘲笑人类的自大。读者在忍俊不禁的同时，也自然会重新思考动植物作为独立的生命，自有其存在的意义，其价值并不完全由人类去赋予。除了写猫以外，李尚圭也从别的动物那里看到了它们自身的价值所在，这些动物尽管“看似低贱”，但却与生俱来地具有科学性的超常能力，蕴含着无穷的智慧。人类常常想当然地把动物看作愚蠢无知和懵懂蒙昧的物种，但在李尚圭的笔下，动物却自有自己的精明理性，甚至为人类所不及。作者表面看似赞扬动物，实则是在批判人类的种种陋习。

在《喜鹊巢带给人类的讯息》中，作者在为喜鹊筑巢能力所折服的同时，也对人类的“豆腐渣”工程大加斥责。喜鹊筑巢的第一原则是安全：“喜鹊很聪明，有着卓越的预知能力，它可以分辨出安全和不安全的树木……只要树木存在一丝危险，喜鹊便不会在上边筑巢”①；反观人类“号称自己在地球上头脑最发达”，却目空一切，全然不把安全第一放在眼里：“卧牛公寓崩塌事件、三丰百货崩塌事件夺去了无数无辜的生命，在建设公寓的过程中，说一山如何，盆唐如何，说是存在安全隐患，将高耸的建筑物推倒的例子屡见不鲜。”② 李尚圭坦言，“人类经过长年累月的研究和探索，形成了高

---

① ［韩］李尚圭著，王倩倩，梁钊译：《素井漫谈》，河北大学出版社，2014 年，第 55 页。

② ［韩］李尚圭著，王倩倩，梁钊译：《素井漫谈》，河北大学出版社，2014 年，第 56 页。

度发达的物质文化社会"①，但住房安全问题的频频发生却暴露出一个个尴尬的现实，即精神文明并没有伴随着物质文明的增长而相应提高。人们在拜金主义思潮的侵袭下，竟然做出"无视那么多人的生命，抱着利用豆腐渣工程来致富"② 的举动，这和喜鹊"安全第一，宁缺毋滥"的生存智慧相比，简直相形见绌，高下立判。如果按照人类自我感觉良好的标准，人类无疑在力量、智力、品行各方面都是占有绝对优势的，但喜鹊筑巢的事实则告诉我们，人类的这种"良好的自我感觉"是多么的滑稽与可笑。

当然，李尚圭散文中的动物意象也并非都是像喜鹊这样以正面形象出现。在《祈求活命的鲤鱼与虾》中他就塑造了一只看似可怜实则狡猾的鲤鱼形象。这篇散文讲述了李尚圭在北汉江琴南里江边的一次奇特经历。在江边坐船滑水的作者收到了汽艇老板送来的一条鲤鱼，而被捕获的鲤鱼在篮子中发出了在作者看来是求救的怪叫声。心地善良的李尚圭未做深究便将其放入河中，因为他觉得鲤鱼在被捕时"依靠本能挣扎的那一瞬间"应该十分痛苦。不过当理智重新取代情感时，他却开始怀疑当时将鲤鱼放生的决定是否正确。鲤鱼为什么会被抓到？恐怕和它的贪婪有关："它只是为了能轻而易举地获取食物，才上的钩。鬼鬼祟祟的鲤鱼妄想趁人不注意，偷偷吃掉扔在水里的邪恶饵料，不料却被抓住了。"③ 与他在描写猫时一

---

① ［韩］李尚圭著，王倩倩，梁钊译：《素井漫谈》，河北大学出版社，2014 年，第 55 页。

② ［韩］李尚圭著，王倩倩，梁钊译：《素井漫谈》，河北大学出版社，2014 年，第 56 页。

③ ［韩］李尚圭著，王倩倩，梁钊译：《素井漫谈》，河北大学出版社，2014 年，第 110 页。

样，在放生这一事件中，李尚圭同样转换成鲤鱼的视角，深入其内心世界，来为它的行为辩解，不过这种辩解在作者看来无疑显得毫无说服力："我只是看到那些没有物主的东西，到处都是，就随口咬了一下"[①]，肥大的鲤鱼被作者用来影射韩国政界的无耻政客，正是因为他们为了一己私利而不知廉耻、贪婪放纵地掠夺公共资源、侵占人民权益，才造成社会的不公与黑暗，使得底层人民生活在水深火热之中。于是在这篇散文中，李尚圭还描写了跟肥大鲤鱼相比更为柔弱的淡水虾，并将他对于底层民众的同情与怜悯通过淡水虾的悲惨境遇表达了出来。

淡水虾境遇的悲惨之处在于它对于自己命运的无力掌控。它们毫无缘由地随着水草被一起打捞上来，"为了在绝境中求生还蹦来蹦去"，最终却只能"静静地、悲惨地死去"。"温顺善良安于现状，却死于非命"[②]，目睹这一切的李尚圭唏嘘不已，他也曾尝试着去帮助这些无辜的弱者，但发现这不过是在做无用功而已；他似乎也找不到什么理由去解释这一切，只能将错误归结于这弱肉强食的世界，也许作为弱势群体，注定会在这个艰难坎坷的世界中寸步难行吧。如果说被捕的鲤鱼还有辩解的机会，那么淡水虾"还没来得及叫声冤，马上就得死去"[③]。散文题目中的"祈求"耐人寻味，同样是祈求活命，鲤鱼是可以通过大声地怪叫引起他人的注意，而淡水虾由

---

① ［韩］李尚圭著，王倩倩，梁钊译：《素井漫谈》，河北大学出版社，2014 年，第 110 页。

② ［韩］李尚圭著，王倩倩，梁钊译：《素井漫谈》，河北大学出版社，2014 年，第 110 页。

③ ［韩］李尚圭著，王倩倩，梁钊译：《素井漫谈》，河北大学出版社，2014 年，第 107 页。

于身形弱小的局限，其求助的声音是那么微乎其微，以至于根本没有人会去真正地注意过它们的存在。这篇颇具寓言气质的散文像一面镜子，映射出韩国社会存在的贫富差距过大、政府腐败严重等诸多问题。作为“亚洲四小龙”之一的韩国，素以经济高速增长的同时收入分配又能保持大体公平著称。但随着近些年经济发展的相对放缓甚至停滞，韩国各阶层的收入差距或贫富分化不是缩小，而是扩大了，这也成为阻碍韩国社会继续向前发展的重要因素。李尚圭通过一次放生鲤鱼的经历，联想到的却是韩国令人尴尬的社会现实，面对着淡水虾这样如此微小的生物，李尚圭表现出了对其生命转瞬即逝的感伤与惋惜。有研究者称，“对一切生灵只有一次而几乎不可失而复得的生命的态度，是特别能考验一个人——尤其是一个有良知良能的作家、艺术家的试金石”①，那么以此观之，李尚圭也在他的动物叙事中彰显着他的良知和良能，我们也从他文字的背后感受到了他心系底层的、浓厚的人道主义情怀。

第二节　教育狂热与冷静思考

韩国作为深受儒家伦理影响的东方国家，极为重视国民的教育。“万般皆下品，唯有读书高”“学历是门面，是进入上流社会的通行证”等观念深入韩国民众的骨髓。这些年对韩国有深入研究的人员，

---

① 吴小美：《价值观与内心需求的坦陈——我看老舍的散文》，《中国现代文学研究丛刊》，2014 年第 11 期。

通过对相关数据的搜集与整理，从以下几个方面证实了韩国看重教育、仰视文凭的社会风气：教育投入高、大学升学率高、在美国留学的韩国人众多、就业应聘文凭优先、收入与学历挂钩等，都充分说明在韩国社会，“重视学历、文凭简直到了无以复加的地步”①。

“在韩国似乎没有哪个领域能在质和量两方面和教育相比。韩国教育在量的方面是世界第一”②，但在质的方面却往往不尽如人意，尽管韩国在教育上投入巨大，但国家竞争力方面却不如其他一些国家，教育量的方面和质的成果之间出现了巨大的差距；另外，重视教育、看重文凭虽然曾给韩国经济的起飞带来了积极作用，正如詹小洪所言，韩国作为一个自然资源极为贫乏的国家，之所以能够实现汉江经济奇迹，位居“亚洲四小龙”之列，“一个重要的因素就是他们高素质的劳动力”，而“高素质的劳动力与韩国举国重视教育是分不开的”③。但物极必反，“过分追求文凭的学历社会给韩国也带来了颇多副作用”④。作为对社会问题极为敏感的李尚圭，也通过散文的笔触，发表着自己对于这一社会现实的理解和认知。《父亲教给孩子的谬论》《令人羞愧的传承》《穷孬夫与富兴夫》都是他有感于韩国教育现状而写下的文字。

我们不妨以《令人羞愧的传承》这篇散文作为切入点，来探索李尚圭教育思想研究的开始。在这篇散文开头，李尚圭就将自己的教育观通过一次在家庭餐桌上的对话鲜明地表现了出来：“我认为即便没有大学毕业证，若能没有遗憾，幸福地度过一生，直到死亡，

① 詹小洪：《韩国为什么与众不同》，辽宁人民出版社，2016 年，第 178 页。
② ［韩］权五勇著，徐永彬译：《韩国病》，新华出版社，2008 年，第 230 页。
③ 詹小洪：《韩国为什么与众不同》，辽宁人民出版社，2016 年，第 178 页。
④ 詹小洪：《韩国为什么与众不同》，辽宁人民出版社，2016 年，第 178 页。

那毕业证就没有任何意义……再说所谓的教育，是为了教人活得像个人，教育本身并不是教育的目的。”[①] 由此不难看出，李尚圭对于所谓的“学历至上，文凭通吃”的说法是不屑一顾的。在他看来教育的目的是为了让人更好地成长，此所谓“教人活得像个人”，而为了追求学历与文凭无所不用其极，甚至可以为此牺牲个人与家庭的幸福，显然就是背离了教育的初衷。李尚圭放眼整个韩国社会，人们对于教育的热度堪比孟母三迁：能力有限、不能出国的家庭拼命要让孩子上名牌大学；而有能力送孩子出国留学的家庭则更是“不惜搭上一个家庭的命运”。“大雁爸爸”把妻儿送到海外去读书，而自己留在国内拼命赚钱，最终“沦为挣钱的机器”，因过度劳累而不幸身亡；妈妈则“沦落成了照料孩子的佣人”。“过热的教育引发了一个家庭的悲剧”，教育的题中之意本不该如此。李尚圭甚至把韩国的这股教育热的浪潮上升到了“招致亡国”的高度，并为那些实施“填鸭式”教育的父母敲响了警钟。

而对于李尚圭关于教育的看法，妻子却表达了不同的观点。她认为“别人家都是花数十亿的钱，供孩子上大学”[②]，这是天经地义的事情，即便是欠债也要给孩子报名辅导班，如果考不上大学就周而复始的复读，这也是情理之中的选择。妻子在餐桌上对于李尚圭的反驳可以看作是整个韩国社会对于学历的一个普遍认知，出国留学、上名牌大学、进修一门外国语言……这在韩国已经成为一种社会常识。假若不按照这种规则行事，就会被人指指点点，甚至视为

---

① ［韩］李尚圭著，王倩倩，梁钊译：《素井漫谈》，河北大学出版社，2014年，第102页。

② ［韩］李尚圭著，王倩倩，梁钊译：《素井漫谈》，河北大学出版社，2014年，第102页。

异类，关于这一点李尚圭深有感触。虽然一开始李尚圭的家庭在负担孩子学费方面不成问题，但因为他当时已经开始热心于中国朝鲜族的文化事业，为赞助各种活动而奔波的他也逐渐忽略了自己的本职工作。为了不影响公司的工作进程，也为了减轻父亲的压力，李尚圭的孩子在选课时主动把课程都安排得比较紧，这样便可以利用剩余时间来帮助父亲打理公司的事情。这让身为人父的李尚圭很有成就感，也让他开始思考学历与工作之间的关系。当他看到孩子们努力工作的样子时，甚至都会觉得与其挣破脑袋去拿学历，还不如放弃学业，专注于公司的事情会更好。只是当儿子上大学后，事业与学业的冲突开始变得不可调和。此时恰逢李尚圭的公司收益入不敷出，正在读大学的儿子也需要交学费，而当时他的积蓄都已经用于资助中国朝鲜族的文学出版事业，无力再为儿子拿出学费。在民族事业与个人事情的抉择面前，李尚圭希望儿子能以大局为重。他以自己当年大学中途退学，随后靠创业和自学最终取得成功为例，向儿子传递出这样一个信息，即学校并不是获取知识的唯一途径，社会才是个人成长更大的“校园”。

退学而创业，此举就是放在其他国家也需要很大的勇气，更何况是在对学历与文凭如此推崇的韩国。在这里，即使孩子在事业上取得了成功，也会因为没有完成学业而无法避免地遭受到周围人不解的目光。李尚圭有感于此，不无幽默地说道：“在独眼人的村子里，长有两只眼睛的人，在村子里的人眼中只能是更严重的残疾。”① 他以此来讽刺世人的目光短浅。但启蒙者总是孤独而不被理

① ［韩］李尚圭著，王倩倩，梁钊译：《素井漫谈》，河北大学出版社，2014 年，第 104 页。

解的，就像鲁迅在《狂人日记》中塑造的“狂人”形象一样，他明明是书中最清醒的人，但却因为周围人的糊涂而被他们误以为是精神上有问题的异类。李尚圭也默默地承受着周围人的揶揄与嘲讽，他无力辩解，因为这是社会的大环境使然。所以他得出“教育热会造成社会成员间的不和谐感”这样的结论也就丝毫不会让人感到奇怪，这种“不和谐感”一方面来自于狂热地沉浸在教育热当中的人，他们对像李尚圭这样对教育热保持理性态度的人进行嘲讽与挖苦；另一方面沉浸在这股教育热浪潮中的人们也并不轻松，“竞争中处于劣势的人们带着抑郁的心情，优秀学生不满于受限制的平均主义教育”①，总之，在教育热的浪潮下没有人能“幸免于难”。

李尚圭对教育热保持着一种理性与冷静的态度，但这并不意味着他不看重教育，恰恰相反，在李尚圭的教育观中教育是一种广义的教育，而并不仅仅是局限于学院内的狭义教育。比起学校的专业与正规教育，来自父母的家庭教育在李尚圭看来似乎更为重要。都说“父母是孩子的第一任老师”，其对于孩子价值观的形成与塑造、人格的完善与发展的作用是怎样强调都不过分的。正所谓“养不教，父之过，教不严，师之惰”，孩子所养成的恶劣习惯在李尚圭看来很大程度上都是父母的过错，他在《穷孬夫与富兴夫》一文中就着重分析了这一问题。身为父母为孩子操心是情理之中的事情，但是过度的关怀与溺爱，“就如同良药吃得过了头也会变成毒药一样”②，于父母和孩子而言，都是有害的。之前说过，李尚圭教育观的核心

① ［韩］权五勇著，徐永彬译：《韩国病》，新华出版社，2008 年，第 230 页。

② ［韩］李尚圭著，王倩倩，梁钊译：《素井漫谈》，河北大学出版社，2014 年，第 112 页。

在于“教人活得更像个人”，而父母对子女的干涉与溺爱，则剥夺了其成为一个健全之人的可能性。过多的干涉与命令让孩子变得无能，过多的溺爱则让他们丧失了自立意识，无法在逆境中克服困难。李尚圭坦言，虽然社会也要对孩子教育的失败负一些责任，但“首要责任、次要责任，我觉得都应该由父母来承担”①。

而在《父亲教给孩子的谬论》中，李尚圭则对父母在教育孩子过程中不懂装懂，将错误当作真实的行为表示了担忧。历史是严肃而认真的，不认识历史就无法把握现在，更不能展望未来。但现实却是，很多父母担心被孩子的问题问住答不上来而羞愧难当，所以便想当然地将自以为正确的谬论当作事实教给孩子。真相在李尚圭看来非常重要，他曾在《迷失的真相》一文中对当今这个“真相迷失”的社会中发生的种种怪现象感到遗憾与无奈，而之所以会出现这么多掩盖真相的人，难道和他们从小所接受的教育没有一点关系吗？李尚圭曾对一句谎言谬论究竟能给孩子带来什么样的影响无法做出判断。但实际上，如果用互文的方法来看，谬论带来的恶劣影响在他的其他作品中已经有了很好的交代。李尚圭本人就非常重视对子女的言传身教，他的儿子在其耐心劝说下走上了自主创业的道路，女儿也受他影响潜移默化地爱上了诗歌文学，并创作了大量优秀的作品。韩国金钟焕教授不仅对李尚圭的诗歌创作赞赏有加，更对他的教子有方表示了钦佩；韩国诗人李宰户更是在评价李尚圭女儿的诗作时说，她的诗“与其说是由于天赋而具有哲理性，倒不如

---

① ［韩］李尚圭著，王倩倩，梁钊译：《素井漫谈》，河北大学出版社，2014年，第113页。

说是女儿美丽的心灵花园被父亲栽培的结果”①。韩国的多家媒体也曾多次对父女二人进行采访，探讨他开放式的家庭教育方法。看来李尚圭在教育子女方面确实有过人之处。

李尚圭重视教育，还体现在他不惜花费重金去资助那些上不起学的学生。尽管由于种种不可抗力，他不得不牺牲本人或是其家人继续上学深造的机会，但在面对其他因贫困而无法上学的孩子时，他还是会义无反顾地伸出援助之手，为他们提供入学的机会，让他们能够和别人一样享有受教育的权利。在韩国接受现代教育的前提是需要大量金钱的支撑，这也让教育资源的分配变得极为不均衡，富人享有更好的教育，穷人则只能在高昂的学费面前望而却步。教育资源的分配不均也是韩国社会存在的问题之一，在高收入人群的全部收入中，教育投资所占的比重远高于低收入人群，更不要说那些还在温饱线上挣扎的底层民众了。“家境好的学生能够上得起补习班，成绩也往往优于家境贫寒的学生，这又导致教育的不均等引起的阶层分化现象。”② “上流阶层和下流阶层之间的收入差距扩大到了教育差距，这最终可能导致社会差距的固定化。”③ 尽管仅凭李尚圭一己之力，根本无力改变这种现状，但起码他为教育公平化做出了自己能做的努力与贡献，仅凭这一点就足以值得人们尊敬。

---

① ［韩］李尚圭著，王倩倩，梁钊译：《素井漫谈》，河北大学出版社，2014 年，第 178 页。

② 詹小洪：《韩国为什么与众不同》，辽宁人民出版社，2016 年，第 186 页。

③ ［韩］权五勇著，徐永彬译：《韩国病》，新华出版社，2008 年，第 232 页。

第三节 社会弊端与本位回归

教育与工作息息相关，接受教育是进入社会开展工作的前提。良好的教育经历对于一个即将迈入社会的人来说至关重要，这是他能够比别人更快地适应社会，更好地完成工作任务的关键所在。教育的意义对于每一个走上工作岗位的人来说，首先在于技能上的提升。李尚圭对扩充学识的重要性极为强调，认为这是想在残酷社会环境中安身立命的必然选择："若想让自身不沦为自然法则中无辜的牺牲者，就只能壮大自己的力量，成为强者。因此我们在这残酷的社会环境中，不得不比别人学得更多，比别人积累更多的财富。"①

除了提升技能，教育对于人更重要的意义还有职业道德的养成。职业道德具体可以分为两个方面，即一般意义上的职业道德和分行业的职业道德。"前者是指所有职业对人的普遍的道德要求，如勤俭节约、积极向上，而后者则是各种行业对人的具体行为要求。""一般意义上的职业道德往往并不表现为法律法规，而是作为传统的或社会的行为规范，成为人们自觉的行动，往往反映着一个社会、一个民族的文明程度。至于各行各业的职业道德则作为从事该行业的人必须遵守的行为准则，往往表现为相关的规定和制度，成为一种

---

① ［韩］李尚圭著，王倩倩，梁钊译：《素井漫谈》，河北大学出版社，2014 年，第 165 页。

强制的力量要求人们必须遵守。”① 李尚圭作为一名企业家和社会活动家，自然也对韩国职业道德的现状格外关注，并有着自己的认知与理解。当然，他在散文中所强调的职业道德更多的还是一般意义上的范畴，尽管在他的笔下出现了各式各样的职业人员，但李尚圭并没有将其严格地区别对待，而是对这些人都提出了普遍的职业道德标准，即爱岗敬业、诚信友善、尽职尽责、勤俭节约等。在李尚圭看来，只要每个人都身居其位，各安其职，社会就能正常地运转；而现在社会之所以出现问题，很大程度上是由于人们不遵守行业规范，导致了职业道德出现了严重的滑坡。

《梦想与职业观》以一种幽默风趣的口吻讲述了一个极为荒诞不经的故事。李尚圭销售公司的货车司机因为开车超速违规而被公司辞退，追根溯源，发现此人是一名业余赛车手，成为职业选手是他的梦想，他是迫于生计才来到李尚圭的公司做了货车司机。但显然他的心思压根不在本职工作上，心里还一直惦记着成为赛车手的梦想：“他是打着一边在公司拿着工资，同时练习赛车技术的如意算盘，才选择了到我们公司就职。”② 常言说“在其位，谋其职”，货车司机这种“身在曹营心在汉”的行为于自己于他人和公司来说都是百害而无一利的。缺乏责任感的不仅是货车司机，同时还有录用他的工作人员，正是因为他对应聘者的个人经历和习惯没有足够的了解与调查，才导致了人员录用上的失误。李尚圭“深信一个公司牢固的根基在于公司的员工。作为公司的主力军，他们中间有多少

---

① 李红杰：《韩国国民素质考察报告》，广西人民出版社，1999 年，第 57 页。

② ［韩］李尚圭著，王倩倩，梁钊译：《素井漫谈》，河北大学出版社，2014 年，第 59 页。

人有着良好的职业观，这决定着公司的未来”①。但无奈现实中的职业观实在让人不敢恭维，因为人们两眼只盯着自身的利益，“想把世间一切都按照自己的标准来衡量”，“明目张胆地彼此算计、相互排斥”②，而不管别人如何，也不去考虑经济滑坡的事实。如此种种，只会让追求安逸的享乐主义更加泛滥。

拜金与享乐主义之猖獗，就连神圣的教师行业与神职行业也未能幸免。《迷失的真相》中某大学的年轻教授被金钱迷住了双眼，介绍非法滞留人员入境从而捞取好处费；《令人羞愧的某神职人员之故事》讲述了一个神职人员打着高尚的幌子行苟且之事：“该神职人员打着召开会议的旗号，做着有偿劳务派遣的生意……作为灵魂的引导者，他忘却了神职人员的本职，利欲熏心，犯下罪行。”③ 不论是大学教授还是神职人员，本该作为人类灵魂工程师和引导者的他们，却因金钱而亵渎了自己职业的神圣。职业道德出现滑坡很大程度上源于社会上普遍存在的这样一种心态，即遵守规则并不能让自己获益，反而会使得自身权益受到损害。“遵守规则就会受损害”的观念在韩国深入人心，“社会矛盾激化，拜金主义在社会的方方面面侵蚀着原有的道德基础”④。正如有些专家所说，韩国社会病的核心是拜金主义，而职业道德出现的滑坡只是其中的一个方面而已。⑤

---

① ［韩］李尚圭著，王倩倩，梁钊译：《素井漫谈》，河北大学出版社，2014年，第60页。

② ［韩］李尚圭著，王倩倩，梁钊译：《素井漫谈》，河北大学出版社，2014年，第60页。

③ ［韩］李尚圭著，王倩倩，梁钊译：《素井漫谈》，河北大学出版社，2014年，第130页。

④ ［韩］权五勇著，徐永彬译：《韩国病》，新华出版社，2008年，第20页。

⑤ ［韩］权五勇著，徐永彬译：《韩国病》，新华出版社，2008年，第25页。

李尚圭在生活上向来主张勤俭节约，反对铺张浪费，这也直接影响着他的企业经营理念的形成与建构。正如前文提及的那样，务实不务虚、踏实不浮躁、勤奋不懒惰、追求财富但不唯利是从是他所向往的职业道德境界，这也与马克斯·韦伯所提倡的“新教精神”相吻合。马克斯·韦伯在《新教伦理与资本主义精神》一书中指出，“人们必须将劳动本身当作目的，当作是一种天职去履行。但这种对于劳动的态度不是与生俱来的。它不可能单单凭借低工资或者高工资来唤醒，而只能是长期辛勤教育的产物”①，而他认为这种为了工作“全力以赴的精神、积极进取的精神或者其他不管怎样称呼的精神，这些精神的觉醒都倾向归功于新教主义”②。作为新教中的一支——加尔文派，也就是所谓的“清教徒”，他们的道德观与价值观，是初期资本主义发展的重要动力：“清教徒”的道德观，即克制发自人本性的欲望而将一切奉献给上帝的金钱欲望，是初期资本主义发展的重要动力。而酝酿与形成这种社会职业道德的正是当时的企业家。“他们以自己的勤劳、节俭和诚实的道德行为，影响着社会上的人，在激发人们劳动和创造欲望的同时，压制个人的消费欲望，为提高劳动生产率做出了贡献。”③

但随着韩国经济在1961年开始高速发展，一批腰缠万贯的财阀和收入颇丰的白领阶层也如雨后春笋一般不断冒出。这些人早于大部分人先富起来，过上了奢华的生活，连带着一些“中小企业主也

① ［德］马克斯·韦伯著，马奇炎，陈婧译：《新教伦理与资本主义精神》，北京大学出版社，2012年，第57页。

② ［德］马克斯·韦伯著，马奇炎，陈婧译：《新教伦理与资本主义精神》，北京大学出版社，2012年，第37页。

③ 李红杰：《韩国国民素质考察报告》，广西人民出版社，1999年，第58页。

眼馋地学大财阀的样子挥金如土。一时间，韩国上上下下，不论有钱没钱，都相互攀比着陷入到过热消费的漩涡中”①，甚至连那些身处农村、经济拮据的青年都染上了这种不良习气。“物质第一”“消费就是美德”的观念把“韩国国民拖进沉溺于奢侈和享乐的浊流中”②。在享乐与拜金主义的侵蚀下，年轻人不愿意去从事需要付出辛勤劳动的工作，而都争先恐后地选择待遇高的工作或者利用工作去不择手段地为自己谋求利益。在李尚圭看来，任何工作都是有其价值所在的，没有高低贵贱之分，关键在于是否用心去做。清洁工人在韩国被称作既脏又困难而且还危险的3D行业，大家几乎都避而远之，但也“不正是那些在角落里默默劳作的清洁工，将一片狼藉之地扫了又扫，擦了又擦，公园的这份美丽才得以维持吗？不只是公园，其他任何一个地方都是如此”③。李尚圭在《老人与清洁工》一文中就赞扬了清洁工人对于工作的尽职尽责，与对自己负责的事情毫无怨言的工作态度，对比清洁工对工作的负责，他为自己的无所事事而感到羞愧，但实际上真正感到羞愧的应该是他笔下所讽刺的那些人吧。

李尚圭曾在《底座的叛乱》一文中讲述了他在钓鱼时，因没有提前调整好座位的底座而失去重心掉入水中的一段经历。这也不妨可以看作是他对于教育与工作关系的一种隐喻的象征描写，底座代表着工作前所接受的教育，而钓鱼则是作为工作的一种隐喻：“就像这样，不管什么事，人们还未考虑周全，便匆忙打造出一个个不稳

① 沈仪琳：《大韩民国——中国的近邻》，东方出版社，1994年，第166页。

② 沈仪琳：《大韩民国——中国的近邻》，东方出版社，1994年，第168页。

③ ［韩］李尚圭著，王倩倩，梁钊译：《素井漫谈》，河北大学出版社，2014年，第91页。

定的座位来。人在上边工作，祸事自然会找上门来……如果不想摔下去，自己坐的座位得结实点才行。”① 在接受教育的过程中，充实自己的专业学识、提高自身的道德素质，才是把工作做好的前提条件；如若不然，掉入水中的尴尬经历还会在日后持续不断地发生。当今韩国职业道德危机的出现，追根溯源是人们的价值观出现了问题：艰苦奋斗被享乐拜金所取代，而要想扭转这一局面，诉诸教育，仍然是必不可少的举措。

李尚圭也曾在《纪念金学铁先生》一文的结尾处，赞扬金学铁先生对于读书与创作的热爱。他认为能够真正成为金学铁先生生活慰藉品的只有读书和创作，而在“创作”一词的后面，李尚圭特意补充到“披露现实”，足以见得他对于文学披露现实作用的强调与重视。这种创作观也在某种程度上影响着李尚圭的写作，让他在创作中有意识地去揭露现实、反映矛盾。韩国经济高速发展过程中贫富差距逐渐拉大是一个不可避免的现实，处于“食物链”底端的底层民众成了他目光经常投射到的对象，他通过描写弱小的动物寄托着自己对于底层百姓的同情；而经济发展所带来的另一后果是人们对于教育的热衷，韩国的教育热已经成为世界性的话题，但是在李尚圭看来，以理性的态度给这股热潮降降温才是当下应该做的事；教育水平的高低不是以文凭来衡量，而是以做事和做人的能力和水平作为参照，韩国当下职工职业素养的低下很大程度上是最初的教育出现了问题……如此种种，都体现着一个知识分子应有的良知与责任。在当今时代越来越多的作家对于现实生活有所疏离，脱离生活、

① ［韩］李尚圭著，王倩倩，梁钊译：《素井漫谈》，河北大学出版社，2014 年，第 122—123 页。

游离现实、淡化矛盾的创作倾向几乎成为一种常态。在当今韩国文坛，李尚圭是少有的能够植根于现实而创作的作家，他一直正视并反应现实生活中存在着的堪称尖锐激烈的矛盾冲突，这种精神的确应该得到有力的肯定。

附录 1：李尚圭人生轨迹

1941 年 7 月 24 日　出生于韩国京畿道平泽市

1944 年　父亲去世

1948 年 3 月　平泽中央小学入学

1954 年　首尔养正中学入学

1960 年　首尔养正高中毕业

1960 年 3 月　高丽大学文理学院理学部生物学科入学

1961 年 6 月　陆军义务兵入伍

1963 年 4 月　陆军退伍

1964 年　高丽大学文理学院理学部生物学科复学

1965 年　赴德国矿场工作应试合格，因东柏林事件取消

1966 年　于平泽市开始从事小型制米业与养鸡业

1972 年 5 月　订婚

1972 年 7 月 9 日　结婚

1973 年 8 月 10 日　长女出生

1974 年 4 月　创业失败，前往水原市某高尔夫球场谋生

1975 年 12 月 18 日　长子出生

1976 年 9 月　入职首尔三江产业株式会社营业部

1978 年 9 月　首尔三江产业株式会社营业部退社

1978 年 12 月　创办高丽综合商社；开设首尔麻浦区南洋乳业代理店

1979 年 7 月　运营高丽人参制品株式会社代理店

1980 年 4 月　运营 time 咖啡展销店

1984 年 6 月　因开拓市场受到表彰；运营东西食品株式会社麻浦代理店

1986 年 12 月　任首尔青少年指导育成会麻浦支会指导委员

1989 年 4 月　将高丽综合商社转换为高丽食品销售株式会社

1989 年 5 月　被首尔青少年指导育成会麻浦支会授予表彰奖

1989 年 12 月　通过《东洋文学》诗歌部门步入诗坛

1989 年　出版诗集《爱情的碑文》并成为当时最畅销书籍

1990 年 5 月　被授予首尔市麻浦警察署长感谢奖

1991 年 3 月　加入韩国文人协会

1991 年 5 月　与长女共著的《相见相离，笑着哭了，再次相见》出版；父女共同接受 MBC 电视台《清晨之窗》节目采访；被授予首尔市麻浦警察署长感谢奖

1991 年 8 月　担任韩国农协创立 30 周年征文大赛诗歌部分评审委员

1991 年 9 月　通过《文艺思潮》随笔部门步入文坛

1991 年 12 月　被授予首尔市麻浦警察署长感谢奖

1992 年　中韩建交后结识来韩工作的中国友人并下定决心支持中韩两国文化教育事业

1993 年 3 月　被授予韩国诗人协会“韩国诗人奖”

1993 年 4 月　出版发行诗集《麻木的心在等着谁》

1994 年 10 月　被授予首尔市麻浦警察署长感谢奖

1995 年 2 月　出版诗集《再要爱谁》

1996 年 12 月　在中国延边人民出版社出版诗集《纯情的告白》

1996 年 12 月　捐赠延边人民出版社《阿里郎》杂志发展基金

1997 年 6 月　被任命为首尔新闻社环境监视委员

1998 年 2 月　资助黑龙江“韩臬牌”文学奖征文活动

1999 年 2 月　当选韩国自由诗人协会常任理事

1999 年 7 月　资助延边作家协会文学奖

1999 年 8 月　促成韩国自由诗人协会与中国延边大学朝鲜语文学研究所友好协定仪式

2000 年 3 月　患病的岳母去世

2000 年 6 月　访问中国延边并发掘韩国著名诗人沈连洙遗稿

2001 年 6 月　被选为国际笔友会韩国本部会员

2001 年 8 月　参加延边人民出版社创立 50 周年纪念活动并赞助“沈连洙中韩研讨会”

2001 年 9 月　资助出版《郑判龙文学篇》一书并参加出版纪念仪式

2001 年 12 月　为考察沈连洙的经历而访问日本

2002 年 4 月　赞助中国朝鲜族“虫火”纪念碑建立

2002 年 8 月　向延边天池杂志社捐赠电脑等用品；向延边困难学生捐赠奖学金

2002 年 9 月　在韩国世宗文化会馆举办金学铁先生逝世一周年纪念活动

2002 年 12 月　在延边举办《20 世纪中国朝鲜族历史资料集》出版纪念仪式

2003 年 1 月　资助出版的《20 世纪中国朝鲜族文学史料全集》获中

国新闻出版署全国少数民族优秀图书一等奖
资助出版的《20世纪中国朝鲜族历史资料集》获中国新闻出版署全国少数民族优秀图书三等奖

2003年6月 获得第二届“韩国知性人感谢奖”

2003年7月 接受韩国KBS电视台社会教育频道《东西南北》节目采访

2004年4月 随笔集《白鹭变成乌鸦飞起的日子》获得中国长白山随笔 modemore 文学奖

2004年7月 出版发行随笔集《大苇莺巢中的布谷鸟》

2004年12月 在“金学铁文学国际学术研讨会”上发表演讲

2005年7月 资助延边第一届“友谊之歌”写作大赛

2006年 资助第一届中国朝鲜族少年儿童文化活动

2006年1月 出版发行诗集《冷雨淋湿，你》

2006年10月 参加延边作家协会创立50周年活动并被授予感谢牌

2007年6月 将500套《20世纪中国朝鲜族文学史料全集》（共13辑）捐赠给韩国各大学图书馆

2008年2月 出版发行随笔集《延边，朝鲜族与韩国》

2009年5月 出版发行随笔集《一起生活的小幸福》

2009年12月 为在韩中国留学生设立“素井奖学金”

2010年 在中国延边师范学院设立“文学奖”

2010年6月 授予中国图们市12名优秀学生奖学金

2010年7月 以李尚圭先生诗作谱曲的《我们的歌曲》第一集出版并进行演出

2010年8月 中国中央人民广播电台朝鲜语频道广播《韩国诗人李

尚圭的善行》

2010 年 10 月　被授予韩国外交通商部部长奖；被韩国文人山岳会授予“山文学奖”

2010 年 11 月　接受韩国 KBS 广播电台采访

2011 年 3 月　当选为韩国农民文学会理事；出版发行诗集《徒伴》

2011 年 7 月　中国中央人民广播电台朝鲜语频道广播《韩国诗人李尚圭的善行》

2011 年 9 月　举办“素井奖学金”授予仪式

2012 年 3 月　出版发行《李尚圭诗全集》与《李尚圭随笔全集》

2012 年 3 月　中国延边自治州红十字会授予感谢牌

2012 年 7 月　以李尚圭先生诗作谱曲的《我们的歌曲》第二集出版并进行演出

2012 年 9 月　被聘为在韩同胞文人协会顾问

2012 年 12 月　在中国出版中译诗集《李尚圭诗选》

2013 年 2 月　出版中韩对照诗集《我的春天》

2013 年 3 月　当选韩国文人协会麻浦支会理事

2013 年 4 月　当选韩国农民文学会运营委员；在中国河北大学外国语学院设立“素井奖学金”

2013 年 5 月　当选国际笔友会韩国本部第 34 代咨询委员

2013 年 6 月　举办以李尚圭先生诗作谱曲的《秋天的抒情》演奏会；中国延边师范学院教科书收录李尚圭诗作《柿子花》

2013 年 9 月　向中国吉林市朝鲜族实验小学捐赠奖学金

2013 年 12 月　被授予第 21 届韩国农民文学奖

2014 年 1 月　被韩国《同胞时代》授予感谢牌

2014年6月　当选在韩同胞文人协会随笔部门审查委员；参加“中国·保定第一届中韩文化创意论坛”

2014年8月　延边广播电台制作《诗人李尚圭》纪录片；《诗人李尚圭》纪录片获韩国KBS电视台主办“世界Surprise大会”奖励奖

2014年12月　被聘为韩国地球村文化艺术才能分享运动本部副理事长

2015年1月　获2015“地球村文化艺术才能分享运动实践”大奖；获“自豪韩国人奖”；成立（社团法人）素井韩中文化艺术协会

2015年4月　被聘为韩国文人协会第26代人性教育开发委员会委员

2015年　在中国郑州市设立“素井奖学金”

2016年2月　在韩国首尔策划并举办“第二届中韩艺术文化展”

附录 2：李尚圭诗歌补遗

落　叶

离别啊，离别
令人心痛的离别啊！

纵然跪下哀求
你那顽固的心啊
终是吞噬着最后的泪水
茫然地在街边徘徊

柔弱的身体里被染红的心
在时而吹起的微风中
也簌簌伤魂

心之存物

不觉已耄耋
连热情和情绪也会
远远地逝去
此般年纪还心存的是
愤怒和斗争的火花
那不是为自己燃起的
一边生活，一边梳理
这火花是冲突之时燃起的
幻听和幻想的火花

这也许
是人生最后的丑陋模样
来世的路就在眼前
无法形容的我那丑陋面容
无法给年轻人形容的我那脸庞
我只有羞愧
我只有赎罪的心

顺其自然

顺其自然地
生活着吧
有时候
也要忘记

又或者
向我询问的话

那时候
也要顺其自然地忘记
继续生活

现在的你

坐上地铁
现在的你在干什么
按老年机还是智能手机

走在路上
现在的你在干什么
听汽车噪音还是耳机

回到家中
现在的你在干什么
看电视还是电脑

现在的你
忘却了自我
与机械生活在一起啊

我的说法错了吗
哪怕就一片刻
回首并勾画明天吧

路

我在，故你在
你在，故我在

你在，故我去
我在，故你来

你是我的路
我是你的路

我存在，你也存在
你存在，我也存在

你和我无法相遇的
那条歧路

这，便是
离别吧

花与爱情

梅花
开放后即使凋零
也会以梅花再绽放

爱情之花
盛开后凋谢的话
不会再以爱情之花绽放

酒杯中的你

小酒杯里面
盛着天空
放着白云
也存着我的心
一饮而尽
我已成了汝矣岛的神仙
飘忽入云霄
全身放松的我
坐在路边小摊
全世界都如同流浪的云彩又如何?
在这样幸福的日子里……

金达莱

远处山上金达莱开放时
空荡的心里只留下凄楚
离别之痛被浸染上艳丽

那噩梦般的思念
蹂躏着我的生命袭来
如雷鸣般呼唤着你的名字
我的喉咙已经沙哑

曾在何时何地
似花朵盛开的你那脸庞上
在紧闭的唇边
微笑如幻想一样绽放

啊！用梦摇曳的
金达莱香气
充盈着我的内心
我试着闭上了眼

冬季病

比想象深邃
比冬夜漫长
要经历多少苦楚
才能到我身旁
孤独
那是我的老友啊
失眠
也是我的旧故吧
在西窗悬挂的
如蓝月光的心灵
窗外的路灯也在熬着夜
照耀着空荡的街

远去的你

江对岸的羊肠小道
深幽的树林
被黑暗淹没的
回忆的影子

该如何是好
远去的你
在你离开的渡口
只留一枚弯月

连月光都褪去的心上
彻夜不眠等你归来
在猫头鹰叫的夜晚
要再拾起悲伤吗
我只好转过身去……

风

无声而来
无语离去
悲哀的流浪者啊

就那样
被误解为无操守的徘徊
即使受到侮辱的目光
能有一隅栖息地
那也是永远奢望的梦

单凭一己之力无法站立
甚至无法哭泣的
软弱的你

今夜
在树叶的怀里
风依旧哭泣

最后的礼物

转身伫立
我吞咽着泪水
孤单一人
毫无去向地徘徊

被残酷的风驱赶
在冷漠的天空游走的
那一片云
钻入我的怀中

我所坚持的道路
连同梦想也被遗弃
即便这样，我也不愿悲伤

因为这应该是
你恩赐我的
最后的礼物

你和我不一样的心

夕阳坠落山脊之时
纵然抹去映在山川之上的
我那被拉长的身影
我心中思念的影子
也永不会被消逝

黑云笼罩
倾盆而下的大雨
也能淋向已绕过山角的
你那衣襟
却淋不湿我的心

岁月将我抛弃
我却对岁月无可奈何
你即便说要离开我
我也不能离你而去

这便是
岁月和你一样的心
这也是
你和我不一样的心

墓志铭

在这，无名之石
矗立在荒凉的大地上
花开蝶舞的春日
悄然掠过山谷的过客呦
一股凉风
投入你怀抱之时
请你用那美丽的灵魂
将过去艰辛的人生
留在这里吧

在人生尽头

时间在流逝着吗
又或者，像宇宙的空间一样静止着
无止境的空间和不停歇的时间
人们说时间在走着

那空间里的时间
给予自己的
是人生中的禁锢和注定的命运

此外，我们一无所知
在有限的生命里只能畅想来日
回想那流逝的昨天

和相爱的人
留住这世上的所有
去往那未知恐惧且悲伤的心
先行离我们远去的朋友啊！

朋友啊！请告诉我
那个地方在哪……

我是谁

我说了解自己
过去的回忆
被赐予的现在的瞬间
猜想着明天的自我
应该就是全部了
过去和未来如同钟表的起始
跨过就是生活
在过往的诸多回忆里
名誉、幸福、不幸
和对生死的思考便是全部

我是谁呢
不管如何深思也无从得知
我只知道
那混沌的日常
更不必刻意去让别人了解自己
也许在不幸之时会更懂自己
即便在那样的现实中
我也不想让别人知道更多
如同别人看到的我一样
我不懂自己就是人生

露　珠

那是在草叶的怀里
熬着夜
凝结的泪水

即使被冷风驱赶
它也诉说着不害怕的喁喁细语
那是一夜间倾覆后遗落的
悲伤残骸

过去的日子
无论如何清除
也被圈困在
那个被叫作命运的怀里

深秋的凌晨
草叶怀里凝结着一颗颗
悲伤的烙印

瞬间的幸福

瞬间与瞬间的组合
便是人生啊
度过这一生之时
只将幸福的瞬间
珍藏于心底的话
这样的人生
就是永恒的幸福吧

年轻的人们啊

年轻的人们啊
请慢些变老吧
年长并非尊容加身
就连对未来美好的期冀也会消散
它让人变得骨瘦嶙峋
作为社会的一员
你们也许会失去立足之地
周围的人开始离去
终剩一人孤独地在这世上
因为自己在不经意间变老
请不要轻视老年人
待你老去也会黯然神伤
权力和财产如同一片浮云
堂堂正正变老之人
不会虚张声势和自欺欺人
对于年轻人来说，无论何等艰难
那也是幸福的瞬间
因为你们还年轻
苦难的瞬间自会寻你而来

落　花

自然地开放
顺势凋零

在天地间
那向着绚烂夺目的爱情啊

爱慕过后疲倦的心
随着炽热的思念
我竟不知道连伤痛也变得可怜

那天离开的你
就像簌簌落下的花瓣
我只能转过身去……

那山和原野上被落花浸染的
你那影子
何时可以被抹去？

雪 啊

雪从天而降
乘着灯光
雪从天而降
每个徘徊的脚印上
都有洁白雪花落下

虽然无可奉告什么缘由
弥漫的漆黑中
只留有叹息着的脆弱之心

即使没有等待之人
还是无休止地比画着
雪从天而降

空荡的心中堆积着那洁白的
从天而降的雪

恋　心

即使花朵
接连不断地开放
春天还是离去了
独自走开了

迷路的候鸟
在茫茫夜空
悲鸣着飞翔

就这样吧
顺其自然吧

即便前行
也是无言行进

你要捕捉它
或者任其远去？

你到来的声音

你到来的声音
恰似随风飘来的云

若隐若现
我心独自徘徊的夜

窗子那头你的呼吸
也在寻觅休憩之地
应该捧着鲜花去迎接吧

沿着远方孤独之路
在每个夜晚到来的你
踏着月光
如风一般的你

即便不用花头绳为我缝补衣衫
也折一枝红桃赠予你吧

云 雾

那是你的唇

猛烈的暴风侵袭之后
望着那被打湿的草丛

像没有燃尽的
那火焰
也如快熄灭的
这热情
漫山都被包裹着的
是你的气息

春天的路口

湛蓝的苍穹浮起一簇云朵
彷佛掠过我身旁的春日之歌

蜷缩了整个冬天的云雀
跃上高空鸣叫
我的嘴唇便触到温暖的春天
它也拥抱着你的身躯

整个冬天，沉睡的你
在春的路口舒腰展臂

我那孤独的心和春风契合
草叶托起平原
溪边的柳树也在摇曳生姿
青苔越过峭壁是你到来的声音
摇动着沉寂的落叶

不觉间，蒙蒙雾气腾起之日
随花朵离开的
是属于我的你呦！

萤 火

不是说嘛
有那种
不可诉说的羞涩
只是红着脸……

荒草地上的虫子
在夜幕降临
点亮我胸前的灯
去寻找同伴

如同堵塞的胸口一样烦闷
之后回想过往
那些依稀可见的回忆……
不停地闪烁着

那些思念充斥在我的心房
从绝路中回转
又像那若隐若现
即将消失的萤火

落泪的日子

一个环抱美梦的
蔚蓝的日子
至黑夜
乌云密布

夜空中流转的乌云
像悲情的水墨画
从远处传来的雷声
是呻吟着的爱情伤口

今夜
我自己
告慰着疼痛的心灵
夜雨要无止境地击打吗？

无需留恋该忘之事

在炽热的胸膛上再燃起一把火
我更想得到什么?
我更想填满什么?
一口憎恶的气息涌出
该敲打那疼痛的胸膛吗?

不经意间结束的一天
空虚地眺望着
在徐徐下沉的夕阳下
只有我那冰冷的心
稍纵即逝

是模糊的回忆，还是梦

你是我的谁呢
是飘忽不定
在空中盘旋的
挣脱绳索的气球吗
又或是
在灿烂晨光里逝去的
那抓不住的江边雾气

说爱你的回音
在传回来之前
那圣洁的回音
早已没了去处而消失
茫然地在空中徘徊的
那黄昏的云团
钻进黑暗的间隙
消失的无影无踪

枝头的欲飞之鸟

下雨或风雪来临
又或烈日灼烤
也不发一言
独坐天边
是因谁的罪过
在等待着惩罚

为了人间
贡献一生的那棵树
在枝头又获重生
它也无法摆脱束缚
在蔚蓝的天空下
继续走向下一个结局

参 考 文 献

一、图书

[1]林火旺.伦理学入门[M].上海:上海古籍出版社,2005.

[2]王泽应.伦理学[M].北京:北京师范大学出版社,2012.

[3][美]金黛如著,陆晓禾译.信任与生意:障碍与桥梁[M].上海:上海社会科学院出版社,2003.

[4]列宁选集:第4卷[M].北京:人民出版社,1995.

[5]《伦理学》编写组.伦理学[M].北京:人民出版社,2012.

[6][韩]李尚圭著,梁钊译.李尚圭诗选[M].保定:河北大学出版社,2012.

[7][韩]金文基.庆北的九曲文化[M].韩国:庆北大学退溪研究所,2012.

[8][韩]李尚圭.爱情的碑文[M],韩国:东海,1990.

[9][英]E.H.卡尔著,陈恒译.历史是什么?[M].北京:商务印书馆,2008.

[10]葛剑雄,周筱赟.历史学是什么[M].北京:北京大学出版社,2002.

[11]李红杰.韩国国民素质考察报告[M].南宁:广西人民出版,1999.

[12][韩]李尚圭著,王倩倩,梁钊译.素井漫谈[M].保定:河北大学出版社,2014.

[13][日]金两基著,[日]金文学译.当日本人遇上韩国人[M].北京:现代出版社,2014.

[14]沈仪琳.大韩民国—中国的近邻[M].北京:东方出版社.1994.

[15]宋擎擎.韩国民族文化性格探究[M].北京:新华出版社,2015.

[16]王淑玲.韩国华侨历史与现状研究[M].北京:社会科学文献出版社,2013.

[17][德]马克思,[德]恩格斯.马克思恩格斯全集·第3卷[M].北京:人民出版社,2012.

[18]梁启超.新史学[M].北京:商务印书馆,2014.

[19]袁行霈.中国文学史(第一卷)[M].北京:高等教育出版社,2005.

[20]周中明.姚鼐研究[M].合肥:安徽大学出版社,2013.

[21]张小燕,陈佳.诗词格律全集[M].北京:中国华侨出版社,2013.

[22]王洪.古代诗歌鉴赏辞典[M].北京:北京燕山出版社,1989.

[23]中国科学院文学所.中国文学史(二)[M].北京:人民文学出版社,1962.

[24]钱志熙,刘青海.李白诗选[M].北京:商务印书馆,2016.

[25]褚斌杰.古典新论[M].长沙:湖南人民出版社,2004.

[26]文章.受益一生的北大国学课[M].汕头:汕头大学出版社,2016.

[27]张宪军,赵毅.简明中外文论辞典[M].成都:巴蜀书社,2015.

[28]黄志浩,陈平.诗歌审美论[M].南京:凤凰出版社,2012.

[29]郑敏.文化·语言·诗学——郑敏文论选[M].福州:福建人民出版社,2017.

[30]郑明娳.现代散文理论垫脚石[M].广州:广东人民出版社,2016.

[31]王铁麟.诗词读写笔记[M].上海:上海人民美术出版社,2015.

[32][德]黑格尔著.朱光潜译.美学(第一卷)[M].北京:商务印书馆,1979.

[33]褚国荣.格律诗词浅说[M].保定:河北大学出版社,2016.

[34]刘纳.嬗变——辛亥革命时期至五四时期的中国文学[M].北京:中国社会科学出版社,1998.

[35]吴兴华.沙的建筑者:文集[M].桂林:广西师范大学出版社,2017.

[36]李建中.中国文学批评史[M].武汉:武汉大学出版社,2015.

[37]许兆真,袁士迎.散文艺术创作论[M].西安:西北大学出版社,2002.

[38]陈剑晖.诗性想象:百年散文理论体系与文化话语建构[M].广州:广东人民出版社,2014.

[39]方铭.中国现代文学经典评析:现代诗歌[M].合肥:合肥工业大学出版社,2015.

[40]徐慧琴.百年游记散文研究:1900—1999[M].太原:山西人民出版社,2012.

[41][美]萨义德著,王宇根译.东方学[M].北京:读书·生活·新知三联书店,1999.

[42]老舍.老舍全集[M].北京:人民文学出版社,2013.

[43]唐宏峰.从视觉思考中国:视觉文化与中国电影研究[M].北京:中国电影出版社,2015.

[44]周宪.视觉文化的转向[M].北京:北京大学出版社,2008.

[45]杨庆中.周易[M].长春:吉林人民出版社,1997.

[46]王云五.中庸今注今译[M].台北:台湾商务印书馆,1977.

[47]朱光潜.谈美[M].北京:东方出版社,2016.

[48]余正荣.中国生态伦理传统的诠释与重建[M].北京:人民出版社,2002.

[49]詹小洪.韩国为什么与众不同[M].沈阳:辽宁人民出版社,2016.

[50][韩]权五勇著,徐永彬译.韩国病[M].北京:新华出版社,2008.

[51][德]马克斯·韦伯著,马奇炎,陈婧译.新教伦理与资本主义精神[M].北京:北京大学出版社,2012.

[52]沈仪琳.大韩民国——中国的近邻[M].北京:东方出版社,1994.

二、论文

[1]王世贤.古代中国与朝鲜半岛国家文化交流述略[J].烟台大学

学报,1992(04).

[2]张哲俊.时调与中国六句体诗的形式比较[J].延边大学学报,2003,36(03).

[3]王佳琴,郑珂.语言变革与诗文互渗的现代转型[J].文艺评论,2016(08).

[4]杨景龙.试论“以诗为文”[J].文学评论,2010(04).

[5]毛翰.任蒙散文的诗化与文化[J].长江文艺评论,2017(06).

[6]周宪.旅行者的眼光与现代性体验——从近代游记文学看现代性体验的形成[J].社会科学战线,2000(06).

[7]刘俐俐.永远的故乡与鲁迅的返乡之路——鲁迅《故乡》的文本分析[J].中南大学学报(社会科学版),2006,12(01).

[8]吴小美.价值观与内心需求的坦陈——我看老舍的散文[J].中国现代文学研究丛刊,2014(11).

三、其他

[1]延边日报

[2]吉林朝鲜文报

[3][韩]东北亚新闻

[4]黑龙江新闻

[5]延边广播电视报

[6]吉林新闻

[7]中国新闻出版报

[8]燕赵都市报

[9]保定晚报

跋

李尚圭先生在韩国文坛从不过分彰显自己，是位公认的善人。他一直在为许多文化团体默默做着贡献，同时支援着中国朝鲜族的文化艺术事业，至今已有近 30 个年头。老子有言，其大意为不彰显自己其实就是确立自己。我从李尚圭诗人身上学到了老子所言的处世之道。这也可以解读为：退一步便是前进一步。这是一种积极的、进步的，且自由的思考力。

李尚圭诗人自从在《东洋文学》登坛以来，相继出版发行了《爱情的碑文》《相见相离，笑着哭了，再次相见》《麻木的心在等着谁》《再要爱谁》《冷雨淋湿，你》《徒伴》等诗集，此外，还由中国延边人民出版社出版发行了诗集《纯情的告白》。

李尚圭诗人的文学世界是以“爱”为基底形成的。人们的生活其实就是相见与分离的反复连续，结局便是以离别收场。不管是以幸福结局，还是以悲剧落幕，生命的最后终究是离别。“会者定离”是谁也无法逃开的事实。在李尚圭诗人的第一部诗集《爱情的碑文》里，其代表作《爱情的碑文》与其他几篇诗作都以离别为主题。无法忘却的爱情因无法忘记的离别而有终结，在终结那端有绝望的同时也有绝情。不论东西古今，关于爱情的诗歌层出不穷，但真正可以称得上杰作的却少之又少。

李尚圭诗人的诗集《冷雨淋湿，你》主要反映生活的现实，此诗集可以被喻为反映现实的一面镜子，特别是此诗集中开始加入对韩国社会的讽刺。如今，韩国社会笼罩在产业化背景之下，拜金主义与同拜金主义相关的社会弊端开始逐渐扩大。从这方面看，能够在李尚圭诗人的诗歌作品中看到对韩国社会的批判，无疑是一件可喜之事。他的诗作《母情》既唤起了小时候的经历，又对当今社会进行了批判。诗中的母亲对因嫌饭菜无味而不吃饭的孩子说："想要成为对国家有用的人就要吃饭。"但诗中的孩子依旧没有听从母亲的话，于是母亲开始了下面的对话："（不喜欢吃）就把饭泡在水里吃"，"等你长大了不能因嫌弃饭菜无味而将国家泡在水里侵蚀。"这既是小时候的经历，更是对当今侵蚀国家之人的讽刺与批判。

再有，李尚圭诗人的诗歌创作根源在于爱情与批判等。诗歌就是让我们确认什么是悲伤与希望，从这点来看，李尚圭诗人的作品给了我们无限感动。

我很欣慰能有专门研究李尚圭先生的书籍问世，本书从作家论和作品论两个大的视角对李尚圭先生进行了系统研究。我想说的是，研究一位耄耋老人就是研究韩国的历史，研究一位当代诗人就是窥视韩国的文坛。本书的作者梁钊博士留韩多年，对韩国文学有着深入理解，衷心希望他的著作可以促进中国学界对韩国文学的关注，同时增进中韩两国的文化交流。

咸东鲜

（韩国中央大学名誉教授、诗人）